百年经典学术丛刊

浙东学派溯源

著

何炳松

上海古籍出版社

图书在版编目(CIP)数据

浙东学派溯源 / 何炳松著. -- 上海 : 上海古籍出版社, 2025. 5. --(百年经典学术丛刊). -- ISBN 978-7-5732-1559-8

Ⅰ. B244. 995

中国国家版本馆 CIP 数据核字第 2025PB7849 号

百年经典学术丛刊

浙东学派溯源

何炳松　著

上海古籍出版社出版发行

(上海市闵行区号景路 159 弄 1-5 号 A 座 5F　邮政编码 201101)

(1) 网址：www. guji. com. cn

(2) E-mail：guji1@guji. com. cn

(3) 易文网网址：www. ewen. co

浙江临安曙光印务有限公司印刷

开本 890×1240　1/32　印张 4.75　插页 3　字数 119,000

2025 年 5 月第 1 版　2025 年 5 月第 1 次印刷

印数：1—1,100

ISBN 978-7-5732-1559-8

K·3828　定价：20.00 元

如有质量问题,请与承印公司联系

出　版　说　明

何炳松（1890—1946），字柏丞，浙江金华人，中国近代著名史学家、教育家、出版家。1912 年赴美留学，在美国期间，就读于威斯康辛大学、普林斯顿大学，主修政治学、历史学。1917 年归国之后，在北京大学、浙江省立第一师范大学等高校任教或任校长，又赴上海商务印书馆工作，后又任暨南大学校长。何氏最早系统译介西方史学理论与方法，并致力于与中国传统史学的融会贯通。他还是最早提倡建设中国史学史学科的学者之一，为中国史学的现代化作出了不可磨灭的贡献，与梁启超并誉为"中国新史学派的领袖"。其主要著作包括《通史新义》《浙东学派溯源》《历史研究法》《近世欧洲史》《中古欧洲史》，以及译著《历史教学法》《西洋史学史》《新史学》等。

《浙东学派溯源》共六章：第一章《绪论》，简述北宋以前中国学术思想概况及南宋以来对程朱思想的认识。第二至五章，分别从根本思想、理学上的若干重要问题、求理之方法论、对待"五经"与《唐鉴》之态度等角度，详论程颐学说与朱熹学说的异同，并提出应将程颐视作浙东学派的宗主。第六章《浙东学派的兴起》，梳理南宋以后浙东史学的发展。是书汇集了关于浙东学术的一批史料，为中国学术史、思想史的研究提供了新的视角，是研究宋代理学的重要作品，甫面世便在学界引发了广泛的关注与讨论，时至今日，对于史学研究者仍有参考价值。

我社曾于 2012 年推出《何炳松著作集》九种，以收录何氏有代表性的单行著作为主，所用底本皆经精心选择，采用简体横排、新式标点，受到读者欢迎。今将此书收入"百年经典学术丛刊",同时修改部分排印、标点错误,重新出版,以飨读者。

上海古籍出版社

2025 年 1 月

目　　次

自　序[*]

当民国十七年的冬天，著者曾承上海中国公学史学会的邀请对于中国史学的演化作下述的讲演：

> 吾国史学之发展大抵可分为三个时期：第一期自孔子作《春秋》以迄荀悦述《汉纪》，前后凡七百余年，实为吾国史学上两种主要体裁——编年与纪传——由创造而达于成熟之时代。荀悦而后以迄于北宋末年，其间约千年，吾国史家除继续发挥编年与纪传二体外，颇能致力于通史之编纂。然所谓通史乃《史记》式之通史，非吾人今日之通史也，故此期可称为旧式通史之发挥时代。南宋之世实吾国学术融会贯通之一大时期。自古以来儒释道三大宗门之思想至是皆始成系统，而儒家一派独演化而成所谓浙东之史学以迄于现代。故此一期实为吾国史学形成派别并大有进步之时代。兹请略述三期史学演化之经过。

> 吾国纯粹史籍之留存至今者当以孔子所作之《春秋》为最古。以事系日，以日系时，实为中西史籍最初之雏形，而编年一体遂成吾国史籍中开山之形式。孔子之后再过五百年而有司马迁之《史记》。《史记》一书仿《春秋》而为本纪，仿《左传》而为列传，此外别创八书以纪载天文、地理及其他各种制度。其义例之精与取材之当，实为古今中外史籍之冠。自司马迁创纪传体之历史而后，不特

＊ 据一九三三年商务印书馆《国学小丛书》本校印。

吾国之所谓正史永奉此体为正宗,即吾国其他各种史裁如方志、传记、史表等,亦莫不脱胎于《史记》。司马迁之得以千古不朽,诚非无因。此后班固仿纪传体而作《汉书》,荀悦仿《春秋》《左传》而作《汉纪》,虽对于司马迁与孔子所创之纪传、编年两体略有变通,为世人所称道;然就大体而论,究觉因袭之处多而创作之处少。其他作者类皆陈陈相因,别无新见。唯编年与纪传之二体则已日臻成熟之境矣。此为吾国史学演化经过之第一期。

自荀悦而后以迄北宋之世,吾国史家一面继续发挥编年与纪传二体,一面颇能努力于通史之编纂。言其著者则有梁武帝之《通史》,司马光之《通鉴》,郑樵之《通志》,以及袁枢之《纪事本末》。凡此诸作之宗旨莫不在于贯通古今。然吾人试一考其内容,则《通史》与《通志》之作意在推翻班固之断代而恢复《史记》之规模,司马光之意则大体仿自荀悦,实欲融会纪传体而反诸编年以规复左氏《春秋》之旧。故今存之《通鉴》与《通志》虽不失为吾国史学上之名著,然大体仍未能脱《春秋》与《史记》之成规,与现代西洋学者所主张之综合史相去仍甚远也。唯此期中有刘知几之《史通》及袁枢之《纪事本末》两书,前者对于吾国自古以来之编年与纪传两体下一详尽周密之批评,隐为吾国旧式之史学树一完美圭臬;后者依据《通鉴》,别辑成书,因事命篇,首尾完具,其所得结果无意中与现代新史学上所谓主题研究法者不约而同,实为吾国史籍中最得通意之著作。然就大体言,此第二期史学之演化,仍属旧式通史之发挥,初无新法之创见也。

吾国学术思想至北宋末造经一番融贯之后,大起变化。儒释道三家思想至此皆面目为之一新,各成为极有条理之派别。释家思想经儒家之陶冶成为陆王一派之心学,道家思想经儒家之陶冶成为朱子一派之道学,而儒家本身则因程颐主张多识前言往行以蓄其德之故蔚成浙东之史学。故吾国学术至南宋而后成为三大宗门，吾国史学亦至南宋而后始独树一帜，南宋之世实吾国文化史上最灿烂之时期也。

吾国南宋以前之史家虽亦不一而足，然史学之发展不成系统，具如上述；而且经史文三种学术往往混而不分。或轻史重文，成喧宾夺主之势；或以经驾史，抱褒贬垂训之观。故学者之于史学或视同经学之附庸，或作为文学之别子。史学本身几无独立之地位焉。自南宋以后，浙东史学大兴，当时道学家至诟浙学为知有史迁而不知有孔子，其盛极一时之情形，即此可见。

初辟浙东史学之蚕丛者，实以程颐为先导。程氏学说本以无妄与怀疑为主，此与史学之根本原理最为相近。加以程氏教人多读古书，多识前言往行，并实行所知，此实由经入史之枢纽。传其学者多为浙东人。故程氏虽非浙人，而浙学实渊源于程氏。浙东人之传程学者有永嘉之周行己、郑伯熊，及金华之吕祖谦、陈亮等，实创浙东永嘉、金华两派之史学，即朱熹所目为"功利之学"者也。金华一派又由吕祖俭传入宁波而有王应麟、胡三省等史家之辈出，金华本支则曾因由史入文，现中衰之象；至明初宋濂、王祎、方孝孺诸人出，一时乃为之复振。唯浙学之初兴也盖由经入史，及其衰也又往往由史入文。故浙东史学自南宋以至明初，即因经史文之转变而日就衰落。此为浙东史学发展之第一个时期。

追明代末年，浙东绍兴又有刘宗周其人者出，"左袒非朱，右袒非陆"，其学说一以慎独为宗，实远绍程氏之无妄，遂开浙东史学中兴之新局。故刘宗周在吾国史学史上之地位实与程颐同为由经入史之开山。其门人黄宗羲承其衣钵而加以发挥，遂蔚成清代宁波万斯同、全祖望及绍兴邵廷采、章学诚等之两大史学系。前者有学术史之创作，后者有新通史之主张，其态度之谨严与立论之精当，方之现代西洋新史学家之识解，实足竞爽。此为浙东史学发展之第二个时期。

　唯浙东史学第一期之初盛也，其途径乃由经而史，及其衰也，乃由史而文。第二期演化之经过亦复如是。今人之以文学眼光估计全氏之《宋元学案》及章氏之《文史通义》者，不一其人，即其明证。此殆因吾国史籍过于繁重，科学方法又未盛行，遂致研究历史者或陈陈相因不能有所发明，或避重就轻退而专意于文学。浙东史学之盛极难继，盖非偶然矣。

著者在这个演讲中发表几个大胆的主张：第一，就是认定南宋以后，我国的学术思想还是有三个系统，由佛家思想脱胎出来的陆九渊一派心学，由道家思想脱胎出来的朱熹一派道学，和承继儒家正宗思想而转入史学研究的程颐一派。第二，就是认定南宋以后程颐一派的学说流入浙东，演化而成为所谓前期的浙东史学。

上面这两个大胆的主张，好像向来没有人发表过。因为我国学者好像到如今还是认南宋以来我国的学术思想只有两大派：就是程朱一派的道学，和陆王一派的心学。他们好像认道学为儒家学说的冠冕，把道学去包括儒学；至于真正纯粹的儒家反被他们降到第二流的地位，在正史上只占了区区的儒林一门，几乎和寻常的文学家没有分别。至于程朱两人的学说，他们更认为完全是一脉相传；即使朱氏的学说果然和程氏不同，他们亦认为这是朱氏的青出于蓝，并不是根本上两人异派。

其次，我国学者好像到如今还没有认识南宋以来我国历史上所谓"永嘉学派"或"金华学派"究竟是一些什么东西。从前人几乎把他看做邪说，现代人虽然能够赏识他，把他的地位提得很高，认为我国学术史上最有光彩的一派，但是他们好像始终把他认做突起的苍头，好像佛经中所谓昙花一样，来无踪，去无迹，一现之后，便长逝了。

著者研究之后,却独持异议,发表他那大胆的主张。他竟大胆的把南宋以来我国学术思想只有程朱和陆王两派的说法完全推翻,主张南宋以来我国的学术思想还是上承北宋以前儒道佛三家之旧,演成程朱王的三大派。并且因此竟大胆的把程朱两人同属一派的说法根本打倒,把两人的思想加以分析,表明他们的思想根本不同。著者又大胆的认程氏的学说为南宋以来儒家思想的正宗,并且认浙东的学派就是程氏学说的主流,而程氏实为浙东学派的宗主。

以上种种主张都是著者在民国十七年冬日研究宋元学术思想后所得到的愚见。这种愚见是否正确无误,著者自己不知道。因为著者后来曾经发表过一篇讨论程朱同异的文字,经过多年还不曾得到国内同志的指教。换句话说,著者大胆的主张到如今还没有人发生过异议。因此著者不但敢发表他的主张,而且近年来研究明末刘宗周的学说以后,似乎觉得自己的主张很富有成立的可能性。

著者所以要研究这一段中国学术史,本有他的动机。当民国十七年时,他很想立志去述一部"中国史学史"。当时他想研究中国史学史北宋以前的一段是比较简单而容易,南宋以来的一段却就茫无头绪了。因此他就先去研究南宋末年浙东诸家的学说,同时并亦研究程朱陆三家的学说。著者当时看见浙东诸家学说的粹然一出于正,但是竟不能幸免朱熹的痛骂,他就大为惊异了。后来他又看见浙东诸家的学说几乎全是由程氏方面传来,他更是惊异了。因此他的研究兴趣骤然提高许多,而且更进一步去研究程朱两人学说的同异。结果就做成前面所说的那篇辨异的文字,同时并在中国公学发表了前面所述的那篇讲演。

著者的愚见以为我们要研究中国史学史必须研究中国学术思想史,要研究中国学术思想史必须研究浙东学术史;要研究浙东学术史,必须追溯浙东学说的渊源。著者因为要追溯浙东学术的渊源,发见了一件程氏为浙东开山始祖的史实。又因为要追溯浙东学说的渊源不能不旁究同时的朱氏,因此又发见了一件朱氏学说和浙东水火的史实,更因此而发见了一个程朱学说根本不同的史实。从此再追溯上去,发见了一件南宋以来我国的学术思想实在是程朱陆三分鼎足的史实。于是再根据西洋史家所谓"历史继续性"的原则略略去追溯北宋以前我国儒道释三家的源流,得到了一个我国自古以来各派学术思想流派的大概。著者现在把他那溯源所得的种种史实,用笔详述下来,贡献给国内研究学术史的人做一种可能的参考和讨论的根据。

当著者还在研究这个问题时,曾经把这个问题的各方面提出来和胡适之、胡朴安、王伯祥、周予同、傅纬平、姚名达几位先生再三讨论过,承他们指正了诸多错误,著者非常感激他们。周予同和姚名达两位先生很热心的供给他许多有价值的材料和旁证,尤其有功于这本小书的完成。不过著者近年来职务很忙,读书的工夫实在不多。他在本书中所发见的种种史实,虽然不免涓涓自喜,认为一得之愚,大胆出版;但是究竟这是一得还是一失,他自己实在不敢放心,始终希望国内学者能够给他一个批评的判断。

著者　民国二十一年九月十一日

第一章 绪 论

第一节 浙东学派和程朱
分家的关系

学术思想史的重要 我们要研究中国文化史,应该先去研究中国学术思想演化的经过。因为学术思想是民族文化的精华,所以学术思想的研究,在史学上,实在是一种画龙点睛的工作,非常重要。英国大哲学家培根(Francis Bacon)曾经说过:

> 现在虽然有人研究各种自然现象、政治和宗教,但是总没有人能够专心去描述自古以来一般学术的状况。世界史上没有这一种东西,就同没有眼睛的"独目怪"(Poly Phemus)一样。因此,那最足以表现人类精神和生活的那一部分就缺少了。我知道现在各种科学,如法律、算学、修词学、哲学等,常常提到学派、著作家和各种著作物,而且亦提到美术的发明和各种习惯的关系。但是一种平允的学术思想史,包括思想和思想派别的古风和起源,他们的发明、习惯、发展、反抗、衰替、消沉、埋没、移转,他们的起因和理由,和所有自古以来关于学术的一切事实,我可以说到如今还是没有。
> 何译《新史学·思想史的回顾》

1

培根的意思就是说学术思想史的研究为文化史研究上一种必不可少的东西，而且研究学术思想时，应注意他们的沿革。这个主张凡是研究历史的人当然都承认是不错的。著者所以要追溯浙东学派的起源，本意亦就在此。

浙东学派的溯源　"浙东学派"在我国近代史上实在是很有光彩的一个学派。因为这一派学者大都是史学家，讲究经济，最切实用，和道佛两家的玄谈大不相同，实在值得我们去研究一下。但是这一派学说的渊源从何而来，中坚人物是那几个，风声所树在什么地方，好像到如今还没有人去详细研究过。这不能不说是我国学术史上一个缺憾。

本书的目的　本书的目的只在追溯浙东学派的起源，所以只叙述到浙东学说成立时为止。对于浙东学派怎样流传下去的情形，暂不去叙述他，因为这是应该归入浙东史学史的范围。因为这本书既然重在溯源，所以我们不能不由浙东诸家追溯到程颐，不能不追溯程颐和朱熹两人学说的师承和同异，不能不追溯南宋以来我国一般学术思想的流别，不能不追溯北宋以前我国学术思想的起源和流别。

溯源上的重要问题　在这种溯源的研究中，要以南宋以来的流别，和浙东学派源自程颐两个问题为最重要而且困难。因为这两个问题好像向来没有人加以注意和解决过。但是这两个问题能否解决，要以程朱学说是否不属一家的主张能否成立为前提。因此著者在这本书中就不能不把这一个前提加以详尽的叙述和充分的说明。我们必先能证实程朱是两家，才能证实南宋以来我国的学术思想确是依旧三家。亦必如此，才能证实程颐这个人确是浙东学派的开山，而且并可因此了解朱熹一派何以要尽力排斥浙东的学说。

本书的内容　著者研究这个问题时，他的步骤虽然是由今溯古；但是叙述时却不能不由古及今。所以本书的内容先述我国北宋以前儒道佛三家学术思想的起源和流别，继述程朱两人思想的异同，再述南宋以后儒道佛三家学术思想的转变,最后乃述程颐学说的入浙和浙东学派的突起。

第二节 北宋以前中国学术思想的演变

中国学术史上的三大家 我们在讨论浙东学派的起源问题以前,不能不先讨论程朱分家的问题,更不能不先把北宋以前我国学术思想演化的情形大略首先叙述一下。南宋的陆九渊曾经说过:

> 大抵学术有说有实:儒者有儒者之说,老氏有老氏之说,释氏有释氏之说。天下之学术众矣,而大门则此三家也。《象山全集》卷二《与王顺伯》

陆氏此地一口认定中国的学术不出儒道佛三家,这是很合事实的一句话。我们就历史上看来,儒道佛三家鼎峙的局面不但在北宋以前是如此,就在南宋以后亦是如此;不但在中国的思想上是如此,就在文化上亦是如此。总而言之:儒道佛三家既是中国学术思想上三个最大的潮流,亦是中国文化上三个主要的元素。

中国学术史上两大时期 著者的愚见以为我国的学术思想虽然经过许多变化,但是就大体上说,可以分为两个大时期,而以北宋末年为枢纽。第一期从上古到北宋末叶为中国三大思想起源和扩充的时代,情形比较的混乱而且不成统系。第二期从南宋到现在为中国三大思潮经过北宋末年一番融化之后进于成熟的时代,从此流别统系都是非常的分明,《宋元学案》和《明儒学案》一类著作有出版的可能就是一个极好的证据。不过我国的学术思想在西洋科学没有输入以前无论怎样变法总跳不出儒道佛三家的窠臼。

三家思想的起源 我国学术思想的起源要以儒家为最古,春秋末年的孔子就是这一派的开国元勋。后来经过战国时代孟子、荀子诸人的发挥乃演成我国历史上第一个最重要的学派,这就是所谓儒家。至于道家思想的起源比较的复杂多了。大概的说,原始的道家思想比较的高深,相传发轫于和孔子同时的老子。但是后世所谓道家除仍旧崇奉老子、庄子一班人做他们的祖师以外,并亦参有许多我国原始的迷信如白日飞升和阴阳五行等等无根的玄理。这一派道家是战国末年一班燕齐方士所创造出来的道家,他们的理论可以说是集原始道家和阴阳家的大成,在我国的士人阶级中很占势力。此外还有东汉以来的道教,他是由道家玄理中演化出来的一种具有宗教形式的迷信,在我国的下级社会中具有极浓厚的势力。不过所谓道家虽然有原始的道家,方士所创的道家,和道教的道士三种不同团体,但是他们的基本信条却是大同而小异。这就是一方面把老庄的无为主义附会成功一种养心和修炼的功夫,一方面又把阴阳五行的玄谈发挥成功一种贯通宇宙间万事万物的哲理。至于本文中所谓道家大致是指方士所创的那一派,不是指原始的道家或者道教中的道士。至于印度释迦牟尼所创的佛教虽然起源亦是很早,差不多和孔子同时,但是我国的佛教却是直到东汉初年方才传入国中。此后逐渐发展,不但成为我国社会上一个主要的宗教,而且成为我国学术思想上一个主要的学派。自从佛教传入中国以后,我国的一般文化上就成一个三家鼎峙的局面,这个局面直到现代西洋科学输入之后方才露出破绽,根本动摇。

三家思想的演化和相互关系 自从儒道佛三家在我国的文化上形成鼎足三分的局面以后,我国的学术思想史就产出许多五光十色或者亦可以说是乌烟瘴气的陈迹。但是在这种杂乱无章的事迹中我们可以寻出两条线索来:一是三家本身的发展和内讧,一是三家相互间的化合和排挤。这种化合和排挤一直到了北宋末年方才告了一个相当的总结束。从此以后，儒士道士同和尚虽然仍旧各能维持他们自己在我国文化上的地位和势力，但是有一部分的道士同和尚已经是脱去了道佛的外褂，穿上了儒家的衣服。这两派就是著者所说的"儒化"的道家和"儒化"的佛家。纯粹的道士同和尚本来泾渭分明，用不着我们再去讨论，我们应该注意辨别的就是南宋以后那班貌似儒家的道士同和尚怎样的混入儒家门户做出喧宾夺主的把戏。我们现在先来叙述北宋以前三家发展和化合的情形。

儒家思想的演化　儒家的学说重在纲常，很有利于我国古代帝王专制的社会。所以经过西汉初年六十年间朝廷竭力提倡之后，到了汉武帝时儒家就定于一尊，变成一种国教相似的东西。自从西汉末年以后，儒家自身对于经书忽然发生一种所谓今古文的争执。双方家法森严，辩论热烈，直到东汉末年才有人把他们糅合起来。两家同异的问题虽然始终不曾解决，但是两家的争斗却从此渐告平息了。南宋诸贤的讲学所以能够不再蹈汉人的覆辙，和"宋学"所以和"汉学"不同，原因就都在此。这不能不说是我国学术思想史上一个空前的进步。

道家思想的演化　至于原始道家的思想本以反儒为主，所以重在无为而治返诸自然。这种高深的思想大概亦起源于春秋末年，老子和庄子就是传说中的创始者。到了战国末年燕齐各地忽然出了一大批的方士，他们一方面拉拢老庄这班人来做他们的领袖，一方面又采取我国原始的迷信大唱神仙和阴阳五行等等浅陋的哲学。因此秦汉以后的道家和战国以前的原始道家面目已经完全不同了，很有点集我国儒家以外所有一切玄谈和迷信之大成的神气。司马谈在西汉初年时说道家能够"因阴阳之大顺，采儒墨之善，撮名法之要"，《史记·自序》恐怕并不是夸大的话。后来又经汉武帝的提倡，势力更加扩大，就此和儒家成一种平分天下的局面。到了东汉初年张道陵出来把道家的玄谈差不多完全

"迷信化"了,甚至老子的面上亦把他蒙上一层很厚的迷信之幕叫他为太上老君;同时亦把一部分的道家变成一种宗教的信徒去迎合我国下级社会的心理。这就是我国道教的起源。从此我国的历史上新添了一个"国产"的宗教流行于下级社会中。

佛家思想的演化 至于佛教原来创始于印度。我国人虽然自从汉武帝通西域以来就已经知道他,但是直到东汉末年才开始努力于佛经的介绍。后来因为我国当时既然有两晋以来那种崇尚虚无的风气,又经过五胡乱华时代的干戈扰攘,人心厌乱,所以佛教中那种色即是空大慈大悲的说法很合当时人的心理。佛教的势力因此逐渐发展,经过南北朝而到了唐代,竟达到极盛的地位。不但教义到此大明,就是宗派亦到此大备了。从此我国文化上除儒道两家以外并再加上一个佛家,成一个三分天下的新局面。以上所述的就是三家本身在北宋以前发展的情形。

三家思想的化合和排挤 至于在北宋以前儒道佛三家间互相化合和排挤的情形,我们可以引日本境野哲所说的几句极其精警极其简括的话来说明他:

> 道教与佛教类似之处颇多,故其间争论亦烈;同时亦有相近之倾向。儒家与佛教之性质相去较远:儒为世间法可称政治学,佛为出世间法属于宗教;范围不同,故其争较少。蒋维乔《中国佛教史》卷三第十六章

他这几句话实在是很和事实相符,我们现在应该把三家学说不同的地方和三家互相化合排挤的情形大略叙述一下来证明境野哲所说的话实在不错。

三家学说的同异 我们为便利读者起见,在此地先把三家学说同异的地方悬空的大概的说明一下。我们倘使借用"尊德性"和"道问学"

两句话来代表三家学说的概要,那末著者的愚见以为儒家所注重的在道问学;佛家所注重的在尊德性;而道家则自命为两方面都能兼顾的人,不过稍偏于尊德性的一方面,表明他自己能够格外顾到根本的部分。我们在此地有两点可以注意:第一就是儒佛两家同以一元论为立脚点,而道家则好像是能够集两家的大成。第二就是当三家互相争论的时候,要以道家的二元论最为有利。这是因为他所处的地位是一个"首鼠两端"的地位:一方面可以责备儒家只知道道问学而不知道尊德性;一方面又可以责备佛家只知道尊德性而不知道道问学;至于他自己则独享一种左右逢源头头是道的快乐。因此我国的一般学者对于道家往往误为能够"致广大,尽精微,综罗百代";而对于其他两家则反误为"各得一偏"和同流合污。其实这都是未加细考的论调。我们用现代人的眼光看来,在实际的人生哲学上,道家这种依违两可的态度是否远胜儒佛两家的那种斩截的工夫,正大有讨论的余地。不过这是关于三家学说的估价问题,不在这篇文章的范围之内,所以我们只好不提。但是无论如何,南宋以后的道家竟以集大成的资格位在"儒林"之上,这在儒家眼中看来当然要发出出主人奴的悲感了。关于三家的异同我们在后面还要详细的讨论,此地不过大略的先提一下。

三家相互关系的概况 至于三家间互相化合的程度要以道家和其他二家间为最高,而以儒佛两家间为最低。这是因为道儒并存的年代比较最久,道佛两家的教义比较最近的缘故。至于儒佛两家一是入世一是出世,泾渭分明,当然无从同化了。其次,三家间互相排挤的程度要以道佛两家间为最高而以儒家和其他两家间为最低,这是因为道佛两家的学说既然相去较近,两方当然都要各出死力来争那几微毫发的异同。至于儒道两家同是"国产",久已同化而且久已相安;儒佛两家既然泾渭分明,当然亦就无所用其争了。我国反佛的儒家所以只有韩愈和欧阳修两个人,杨时说佛入中国千余年只韩欧二人立得定耳。见《宋元学案》

卷四《庐陵学案序》。程颐这派中人所以"不排释老",理由都是如此。吕祖谦召集鹅湖之会调和朱陆异同亦就是儒家正宗态度的表现。

就上面所述的看来,那末儒道佛三家间的关系可以缩成三个小主题去讨论他:儒道间的同化,道佛间的同化,道佛间的排挤。我们依次叙述如下。

儒道两家的同化　儒道间的同化自从道家出世以来就已开始。战国末年的《吕氏春秋》,西汉初年的《淮南子》、《韩诗外传》、《春秋繁露》这类名著都是融合儒道两家的作品。其他如《论语》、《礼记》等圣经中亦竟参入道家的议论而大多数人竟深信不疑,南宋的陆九渊和清初崔述等都已见到这一点。尤足证两家同化程度之高。西汉末年出现的纬书竟想把儒家全部的经典"道化"了。从此以后,道家的阴阳五行说在儒家的著作中差不多和三纲五常等观念占有同等的地位。到了北宋末年《太极图说》成立之后,道家的势力几乎把儒家完全压倒了。因此就产出了一班著者所说的"儒化"的道家。

道佛两家的同化　至于道佛间的同化情形,除道士们的唪诵经典建筑寺观和各种礼拜仪式等恐怕大体都是模仿佛家以外,恐怕要以六朝以来佛教的禅宗一派最足代表两家的融和。这是因为道家的"无极"和"太极"本已和佛家的"空"和"有"意义相同,而道家的白日飞升又和佛家的立地成佛相近的缘故。所以禅宗这一派恐怕是佛道两家的化合物,决不是儒佛两家的化合物,这一点我们应该注意。

道佛两家的排挤　至于道佛两家的互相排挤非常显著而且非常激烈。简单的说:道佛两种教徒间的争执自从佛教传入我国时就已开始。相传东汉永平十四年有五岳道士和印度来的沙门斗法的事情,这当然是不可信。但是两家的学说相去既微,要想并存,非死力相争不可,这是可想而知的了。因此在我国的佛教史上有所谓"三武一宗之厄",就是北魏太武帝、北周武帝、唐武宗和后周世宗等四次的排佛;而三武的排佛完全出于道家的运动。双方肉搏死斗的激烈就此可见一斑。但是因为佛教的势力日兴月盛之故，所以道家始终没奈何他。

折衷派　三家间互相化合和互相排挤的情形，我们已经简单的说明了。此外还有一派所谓三家折衷者不能不附带的叙述一下。主张三家合一的人在传说中要以东汉末年牟子的《理惑论》为最早。北宋的契嵩亦以沙门的地位大唱佛儒一家的议论。不过我们知道三家的哲学虽然是大同小异，但是古今来各派哲学家的断断相争不肯相下，往往就在这种地方。儒道佛三家所以永远不能混而为一，理由就是在此。以上所述的都是我国北宋以前三家间化合和排挤的情形。

北宋以前和南宋以后三家学说的变化　不过北宋以前的三家虽然经过长期的化合和排挤，但是各家的壁垒好像始终都是非常的森严，各家的畛域亦好像始终都是非常的划定。所以他们自己的本身虽然各有一种相当的进步，但是在我国学术思想的全局上并不曾发生什么很大的变动。到了北宋末年以后，情形却大不相同了。儒道释三家的学说经过北宋末年几个大贤的融化工夫以后，发生一种很大的变化。此后除道佛两家仍旧继续的存在外，我国的学术思想史上更产出两派儒衣儒冠的道家和佛家，混进儒家的大门，几乎成一种喧宾夺主的形势。因此南宋以后的儒家方面又有一种崭新门户的发生。这种门户在表面上好像还是儒家自身的问题，但是实际上确仍旧是三家的同异。北宋以前和南宋以后我国学术思想的不同就在于北宋以前的局面是三家间的明争，南宋以后的局面是三家间的明争以外，还有一种三家都隐身于儒家幕下的暗斗。这不能不说是我国学术思想史上一个大变化。只可惜他们所努力奋斗的还是跳不出三家的老圈套。就中只有儒家一派能够转入史学，比较的有一种相当进步；其余两家在我国的思想史上好像除改穿儒装以外并没有多大的新贡献。这是在故纸堆中大翻筋斗的必然的结果。我们现代的中国人应该怎样赶快跳出三家的圈套，努力去做介绍西洋新科学的工作呵！

第三节　南宋以后的学派和
程朱分家的关系

南宋以后的学派问题　北宋以前儒道佛三家思想的分合情形我们
在上面已经大略叙述过了。南宋以后又怎样呢？果然只剩下了朱陆两
家么？著者的愚见以为我国古来的三家思想虽然经过北宋几位特出的
学者加以融会加以发挥，但是结果还是三家鼎立，不过面目不同罢了。
朱陆两家学说的不同，那是无疑的了。陆氏可以代表佛家，那亦是无疑
的了。朱氏又代表哪一家呢？儒家么？道家么？儒道两家么？这实在
是一个重要的问题，值得我们去研究。

儒林之草昧　北宋末年那一个短时代实在是我国学术思想史上一
个很重要的枢纽。因为我国的学术思想在北宋以前，虽然早已三家鼎
立，但是混乱复杂不成统系。纪昀曾经说过：

> 王开祖以上诸儒，皆在濂洛未出以前，其学在于修己治人，无
> 所谓理气心性之微妙也。其说不过诵法圣人，未尝别尊一先生号
> 召天下也。中惟王通师弟私相标榜，而亦尚无门户相攻之事。今
> 并录之以见儒家之初轨与其渐变之萌蘖焉。《四库全书总目》子部儒
> 家类案语

北宋以前我国的学术思想虽然非常发达，但是确没有什么显著的派别。
到了北宋中叶忽然有几个大儒出世。黄震说：

> 宋兴八十年，安定胡先生，泰山孙先生，徂徕石先生始以师道
> 明正学。继而濂洛兴矣。故本朝理学虽至伊洛而精，实自三先生

而始。《宋元学案》卷二《泰山学案》黄百家案语引

这三个人就是全祖望所谓"濂洛之前茅",而北宋真仁二宗之际亦就是全氏所谓"儒林之草昧"。《鲒埼亭集外编》卷十六《庆历五先生书院记》。他们出世之后"相与讲明正学,自拔于尘俗之中"。于是学校遍于四方,师儒之道立。不久邵雍、周敦颐、程灏、程颐、张载五个大儒并时而生,而且都知交相好。一时我国的学术思想上发出云蒸霞蔚的现象。所以后代人称这五个人的出世为聚奎之占的奇验。这前后八个大儒的讲学时代就是我国学术思想从北宋以前第一期转入南宋以后第二期的一个继往开来的时代。

门户的起源 自从有了这个继往开来的时代,我国的学术思想史上才有所谓门户。纪昀说:

> 宋人谈道学宗派自朱熹《伊雒渊源录》始,而宋人分道学门户亦自此书始。厥后声声攀援,转相依附。其君子各执意见,或酿为水火之争;其小人假借因缘,或无所不至。《四库全书总目》史部传记类朱熹《伊雒渊源录》提要

纪氏此地对于南宋以后的门户表示不满虽然亦有相当的理由,但是在我们现代人的眼中看来,各派思想从此自成流别,不能不说是我国学术史上一个绝大的进步。

南宋以后的三家 著者曾经在上面提及过,他的愚见以为我国的学术思想在北宋以前固然是三家,在南宋以后亦还是三家。不过其中道佛两家除仍旧有道士和和尚各做他们的代表外,更加上两个貌异心同的同志:这就是貌似儒家的道家和貌似儒家的佛家,著者不免有点轻薄,叫前一派为"儒化"的道家,后一派为"儒化"的佛家。所以南宋以后的门户在外貌上好像是儒家自身纷争,实际上仍旧是三家间的同异。

三家的领袖 著者的愚见又以为南宋以后"儒化"的道家领袖要推

朱熹,"儒化"的佛家领袖要推陆九渊。而儒家的正宗领袖,著者的愚见独要推出北宋末年的程颐这个人。但是我们既然知道自从南宋以来大家都承认程朱两人同属一派,那末我们在断定程氏为儒家的正宗领袖之先,不能不先证实他和朱氏果然不是一家。因此程朱分家的研究在著者个人的眼中看来差不多是我国南宋以来学术思想上一个很有关系的问题,值得我们的注意。以上所说的话目的就在说明程朱分家的问题在我国第二期的学术思想史上占有何等的地位。

第四节 过去的程朱分家论

程朱一家说 我国南宋以来的学者虽然亦偶然有见到程朱两人不属一家的人,但是直到如今大家还是公认这两个人为同属一派。其实程朱一家的说法起源极早。和朱氏同时的陆九渊就曾经说过下面这两句话:

> 元晦似伊川,钦夫似明道。《象山全集》卷三十四《语录》

同时的王淮亦说:

> 朱为程学,陈为苏学。《宋元学案》卷五十六《龙川学案附录》

南宋末年的周密亦说:

> 朱氏主程而抑苏。《宋元学案》卷九十七附《晚宋诋訾诸儒者》

陆九渊和王淮都是朱氏的同辈而且相知都是很深。他们既然认程朱为一家,那就无怪周密以来都有这种误会了。从此以后,程朱一家四个字差不多已经成为我国学术思想史上一个铁案。著者这一篇文章就想把这一个铁案推翻。

程朱的师承　我们在讨论两人学说的本身以前，有两点应该预先叙述一下：第一，他们两人的师承完全不同。程氏的学说大都出于胡瑗和他的哥哥程灏。至于邵雍的数学，周敦颐的太极图，和张载的性气二元论，程氏都绝口不谈。至于朱氏生平所最倾倒的而且亦最主张的就偏是上面这几位的学说，而他对于胡瑗反独不佩服。他说：

> 安定之传盖不出于章句诵说，较之近世高明自得之学，其效远不相逮。薛季宣《浪语集》卷二十三

这可见程朱两人的师承不但不同，而且相反。

其次，朱氏自己亦曾经表示过和程氏意见不同的话。他说：

> 伊川之学于大体上莹彻，于小小节目上犹有疏处。《朱子全书》卷二十三

他又说：

> 某说大处自与伊川合，小处却时有意见不同。同上

我们在上面已经说过，古今来哲学家在所必争的就在这种"小小节目"上，而学派的畛域亦就以这种"小小节目"来做他们的鸿沟。这是朱氏自己口中表示和程氏不同的又一点。不过我们决不能单靠这两点来证实他们学说的不同。我们要断定这个问题非从两人学说的本身入手不可。这就是著者所以要做这篇文章的主因。

程朱分家论的发起人　至于见到程朱不同这一点的人，著者却不是一个"戎首"。明末的刘宗周、清初的黄宗羲、纪昀和清末的皮锡瑞，这几个人都已经提出过几个小小的问题。明代的汪俊对于程朱不同这个问题尤其有相当的研究。他对心性、理气、性情、中和、形上形下、已发未发等等问题，都能够辨明程朱两人的见解实在不同。所以有人问他：

子亦求异于朱子乎?

他回答说:

非敢为异也,将求同于程子耳。

汪氏这种见解确是有点特异,所以黄宗羲赞美他能够"不苟同如此"。《明儒学案》卷四十八《诸儒中》。著者这篇文章虽然或比汪氏为周密,但是我们倘使要追溯程朱分家论的源流却不能不公推汪氏来做我们的先进。

学术思想研究上应该注意的两点 著者在讨论本题之先还有几句要特别声明的话。我们研究学术思想史很有几个不容易避免的困难。第一就是容易踏进"门户",持论不公。纪昀曾说:

门户深固者大抵以异同为爱憎,以爱憎为是非,不必尽协于公道也。《四库全书总目》史部传记类存目孙承泽《益智录》提要

陆九渊亦说:

后世言学者须要立个门户。此理所在安有门户可立? 学者又要各护门户,此尤鄙陋。《象山全集》卷三十四《语录》

所以"宋儒好附门墙,明儒喜争同异,语录学案,动辄灾梨",大为清初汉学家所不满。我们倘使还要加入门户,那我要犯纪昀所说"是率天下而斗也,于学问何有焉"《四库全书总目》子部儒家类四案语的毛病。这是研究学术思想史时持论容易不公的第一个困难。

其次就是我们后代人要论定古人,必须自己先要有相当的资格。所以纪昀说:

有朱子之学识而后可定程子门人之得失。《四库全书总目》史部传记类存目张伯行《伊雒渊源续录》提要

我们倘使轻易下笔，那就要犯朱熹所说的"只以自家所见道理为是，不知却元来未到他地位而便以己意轻肆诋排也"《朱子全书》卷五十三《答陆子美》的毛病。可见我们后代人要妄议前辈实在有点冒险。这是研究学术思想史时对于古人不容易心知其意的又一个困难。

困难的解决　不过著者的愚见以为我们加入门户是一件事，我们研究门户又是一件事。在现代科学大昌的时代而还要加入门户，那当然是一种开倒车的办法，大可不必的了。至于在现代而研究门户，那却是我们研究历史者应享的权利，亦是应负的责任。所以我们只要能够办到"议论得失惟其言不惟其人"，那就不必和清代的汉学家一样，一旦听到"宋学"两个字就立刻现出"谈虎色变"的神气。

至于我们有没有资格去论定古人，这却难说了。不过朱熹曾说：

> 凡看文字，诸家说异同处最可观。《朱子全书》卷五十五

这恐怕是研究思想史者大家常常感到的一种诱惑。著者研究这个问题的兴趣原来就是这样引起的。倘使读者果然认著者为没有研究这个问题的资格，或者认这篇文章为没有一读的价值，那末著者只有向南宋的陈傅良借下面这几句话来替他自己解嘲：

> 此劣弟愚陋之见。如两家元不是如此，则是智不足以知两家耳。初非有轻重抑扬之论也。《止斋文集》卷三十六《与陈同甫》

第二章　程朱两人的
根本思想

第一节　一元论和二元论

一元论和二元论　在我国的学术思想史上我们向来没有什么一元和二元的名目。至于儒道佛三家的哲学究竟谁是一元谁是二元,我们亦向来不曾有人敢来绝对的分别指定过。不过当我们研究程氏学说的时候,我们看到他的种种理论完全是趋向一元的方面,我们就不免大胆的用现代通行的术语称他的学说为一元的哲学。我们又看到他的态度处处脚踏实地不肯落到道佛两家的窠臼中去,因此我们又不免大胆的假定程氏是一个正宗的儒家。于是我们更用推理的方法把儒家的哲学假定为一元的哲学。当我们研究朱氏学说的时候,我们看到他的种种理论完全是趋向二元的方面,我们就不免大胆的用现代通行的术语称他的学说为二元的哲学。我们又看到他的态度处处不脱向来道家臭味,因此我们又不免大胆的假定朱氏是一个貌似儒家的道家。于是我们更用推理的方法,把道家的哲学假定为二元的哲学。这种由果溯因的办法非常危险,著者当然不敢十分信任他。所以原来的儒家哲学是否果属一元,原来的道家哲学是否果属二元,著者都不敢绝对的武断。不过程氏和程氏一派中人都是一元论的儒家,朱氏和朱氏一派中人都是二元论的道家，这两点却是大致可以断定的了。现在让我们先来讨论程氏的一元论。

万物一理说　程氏一元论的大前提就是万物一理四个字。他说：

> 所以谓万物一体者皆有此理。只为从那里来，生生之谓易。生则一时生，皆完此理。人则能推，物则气昏推不得。不可道他物不与有也。人只为自私，将自家躯壳上头起意，故看得道理小了他底。放这身来都在万物中一例看大小，大快活。《二程遗书》卷二上

他又说：

> 万物皆只是一个天理，己何与焉？《二程遗书》卷二上

他又说：

> 天下只有一个理。既明此理，夫复何障？若以理为障，则是己与理为二？《二程遗书》卷十八

他又说：

> 人能放这一个身公共放在天地万物中一般看，则有甚妨碍？虽万身曾何伤？《二程遗书》卷二上

程氏要我们认识天下万物只有一个理，这就是要"生"。他又要我们把自身放在天地万物中一般看，不要专从自己的躯壳上起意。这是何等精神！这种思想实在就是儒家固有的大同思想，不但是"民吾同胞"，而且是要"物吾与"。程氏的意思是要我们人和物都去受理的宰制，不要由我们人去宰制物，或者由一部分人去宰制另一部分人。所以他说：

> 二气五行，刚柔万殊，圣人所由唯一理。人须要复其初。《二程遗书》卷六

这个万物一理的主张可以说是程氏一元论的第一个方面。

天人无二说　程氏既然主张万物只是一个理,我们人类又只能放在天下万物中一般看,那末这个理自然是一个贯通天人的东西,不能再有什么天理或人理的分别了。所以他说:

> 天人无二,不必言合。《二程遗书》卷六

他又说:

> 一人之心即天地之心,一物之理即万物之理,一日之运即一岁之运。《二程遗书》卷二上

有人问他:"王安石言尧行天道以治人,舜行人道以事天如何?"他回答说:

> 介甫自不识道字。道未始有天人之别。《二程遗书》卷二十二上

又有人问他:"王安石有言:'尽人道谓之仁,尽天道谓之圣。'"他回答说:

> 言乎一事必分为二,此介甫之学也。道一也,未有尽人而不尽天者也。以天人为二,非道也。子云谓通天地而不通人曰伎,亦犹是也。或曰乾天道也,坤地道也。论其体则天尊地卑,其道则无二也。岂有通天地而不通人?《二程粹言》卷一

程氏的意思以为道无天人的分别,有了天人的分别就不是道。他的结论就是:

> 须是合内外之道,一天人,齐上下,下学而上达,极高明而道中庸。《二程遗书》卷三

这个天人无二的主张可以说是程氏一元论的第二个方面。

物我一理说　程氏既然深信万物一理,天人无二,那末物我之间更不能强分畛域了。所以他说:

> 物我一理，明此则尽彼，尽则通，此合内外之道也。语其大至
> 天地之所以高厚，语其小至于一草一木所以如此者，皆穷理之功
> 也。《二程粹言》卷二

这是说物我一理，彼此相通。他又说：

> 天命之谓性，率性之谓道者，天降是于下，万物流行各正性命
> 者，是所谓性也。循其性而不失，是所谓道也。此亦通人物而言。
> 循性者马则为马之性，又不做牛底性。牛则为牛之性，又不做马底
> 性。此所谓率性也。人在天地之间与万物同流，天几时分别出是
> 人是物？《二程遗书》卷二上

这是说人与万物同流，并没有什么分别。

人物无别说　人和物在天地间既然是道理相通没有分别，所以程
氏竟大胆的发表下面这两段惊人的文字。他说：

> 天地之间非独人为至灵。自家心便是草木鸟兽之心也。但人
> 受天地之中以生尔。《二程遗书》卷一

他这句话几乎和现代生物学家所说的如出一口，这一点却值得我们的
注意。他又说：

> 万物皆备于我，不独人尔，物亦然。都是这里出去。只是物不
> 能推，人则能推之。虽能推之，几时添得一分？不能推之，几时减
> 得一分？百理具在，平铺放著。几时道尧尽君道添得些君道多？
> 舜尽子道添得些孝道多？元来依旧！《二程遗书》卷二上

这种大胆的论调，认定人和物虽然有能推和不能推的分别，但是无论谁
都逃不了"这里"，——就是"生生"的道理，在我国的学术思想上不能不
说是一种难得看见的精彩。

万物一体说 天人既然无二,物我既然一理,所以程氏要我们应该以天地万物为一体。这就是儒家大同观念的精髓,亦是我国儒家正宗的思想。他说:

> 仁者以天地万物为一体,莫非我也。知其皆我,何所不尽? 不能有诸己,则其与天地万物岂特相去千万而已哉?《二程粹言》卷一

理与心一说 天地万物既然同是一体,而且又是一理,所以程氏教我们应该与理为一,断不可以我们的心处这个道理。他说:

> 理与心一,而人不能会之为一。《二程遗书》卷五

他又说:

> 圣人与理为一,故无过无不及,中而已矣。其他皆以心处这个道理,故贤者常失之过,不肖者常失之不及。《二程遗书》卷二十三

这是说我们应该以客观的合理的态度去处置一切事物的道理,不要以个人的主观的态度去处置他们。程氏的态度所以在宋代诸人中可以称为最近现代的科学家这亦是一个理由。这个物我一理的主张可以说是程氏一元论的第三个方面。

事理一致说 程氏对于事和理的关系亦用一元的态度去说明他。他这种事理一致的主张实在开后来浙东学派的宗门。章学诚说:"浙东之学言性命者必究于史。"《章氏遗书》卷二《浙东学术》这一种不肯离事而言理的风气实在渊源于程氏。程氏说:

> 至显者莫如事,至微者莫如理。而事理一致,微显一源。古之君子所谓善学者,以其能通于此而已。《二程遗书》卷二十五

他又说:

> 道外无物,物外无道。《二程粹言》卷一

他又说：

> 道之外无物，物之外无道。是天地之间无适而非道也。即父
> 子而父子在所亲，即君臣而君臣在所严，以至为夫妇，为长幼，为朋
> 友，无所为而非道。此道所以不可须臾离也。《二程遗书》卷四

这就是说事理一致，道物相通，所以天地之间无往而不是事和物，亦就
是无往而不是道和理。我们看过程氏这种议论，倘使还要讥刺宋儒为
空谈性命，离事言理，那末程氏和浙东一派应该做一个例外。这个事理
一致的主张可以说是程氏一元论的第四个方面。

其他一元论　此外程氏以同样一元的态度去打破二元论中所谓动
静、阴阳、本末、内外、精粗、大小、先后、远近等等相对的观念。他始终
主张天地间一切事物和道理原来并没有这种种相对的关系，更没有这
种种不同的区别。简括的说：就是动静一源，阴阳无始。一切事理就
是果然有动静阴阳的区别，我们亦断不能把他们截分为两个东西，因为
他们原来是浑然一体。程氏的一元论在我国儒家的思想史上恐怕可算
最彻底的一个了。我们现在把程氏一元论的这几个方面再依次简单的
叙述一下。

动静无端说　关于动和静的关系，程氏绝对的不承认。他说：

> 动静无端，阴阳无始。非知道者孰能识之？《二程粹言》卷一

这是说动和静绝对寻不出头绪来的，因为他们本来是无端的缘故。他
又说：

> 静中有动，动中有静，故曰动静一源。《二程粹言》卷一

这是说动静骈合浑然一物。他又说：

> 圣人作《易》未尝言无为，惟曰"无思也，无为也"，此戒作为也。

21

> 然下即曰"寂然不动感而遂通天下之故。"是动静之理未尝为一偏
> 之理矣。《二程遗书》卷五

这是说动静之理未尝一偏。总而言之,程氏以为所谓动静原来是浑然一物,无端无始,而且未尝一偏。

阴阳无始说 至于阴和阳的关系亦是如此。程氏在上面已经说过"阴阳无始"的话。他又说:

> 阴阳之际不可截然不相接。厮侵过便是道理。天地之间如是者极多。《艮》之为义,终万物,始万物,此理最妙。须玩索这个理。
> 《二程遗书》卷二上

他又说:

> 阴阳消长之际无截然断绝之理,故相挽掩过。如天将晓复至阴黑,亦是理也。大抵始终万物,莫盛乎《艮》,此尽神妙,须尽研究此理。《二程遗书》卷二上

这都是说阴阳之际断不能把他分为两段。实在阴就是阳,阳亦就是阴,这就是"终始万物"的妙理。简单的说,程氏以为所谓阴阳亦是无端无始不可截断的一种东西。

本末一贯说 关于本和末的关系,程氏亦以同样的一元论的见解去讨论他。他说:

> 物有本末而本末非二道也。《二程粹言》卷二

他又说:

> 凡物有本末,不可分本末为两段事。洒扫应对是其然,必有所以然。《二程遗书》卷十五

此地的意思就是说凡百事物总各有他的"然"和他的"所以然"。既然有

了"然"，一定就有"所以然"。这个"然"和这个"所以然"和形影的关系一样，有便齐有，顷刻不能分离。所谓本和末亦就是如此。所以程氏更详细的说：

> 冲漠无朕，万象森然已具。未应不是先，已应不是后。如百尺之木自根本至枝叶皆是一贯。不可道上面一段事无形无兆，却待人旋安排引入来，教入涂辙。既是涂辙，却只是一个涂辙。《二程遗书》卷十五

这就是说自本至末只有一个涂辙上下一贯。本末既然不能分开，那末把本末分成两段和只知有本而不知有末，都不是我们儒家的道理。所以他说：

> 佛氏之道一务上达而无下学。本末间断非道也。《二程粹言》卷一

方无内外说　关于内和外的关系，程氏亦不承认他可以成立。他说：

> 天地安有内外？言天地之外，便是不识天地也。《二程遗书》卷二上

他又说：

> 人多言天地外。不知天地如何说内外？外面毕竟是个甚？若言著外，则须是有个规模。《二程遗书》卷二上

这都是说天地并没有内外的分别。他又说：

> 或言方有内外，是有间矣。道无间，方无内外。《二程粹言》卷一

这是说道并没有内外的分别。他又说：

> 性不可以内外言。《二程遗书》卷三

他又说：

> 性之所固有，合内外而无间者也。夫天大无外，造化发育皆在其间，自无内外之别。人有是形而为形所梏，故有内外生焉。内外一生，则物自物，己自己，与天地不相似矣。反乎性之德，则安有物我之异内外之别哉？《程氏经说》卷八《中庸解》

这都是说性并没有内外的分别。总而言之，程氏决不承认天地道性等有什么所谓内外的关系。

道无精粗说　关于精和粗的关系程氏亦不肯承认。他说：

> 道无精粗，言无高下。《二程遗书》卷十二

他又说：

> 圣人之道，更无精粗。从洒扫应对至精义入神，通贯至一理。虽洒扫应对只看所以然者如何。《二程遗书》卷十五

程氏既然主张道无所谓精粗，所以当刘安节问他"孝弟之行何以能尽性至命"的时候，他回答说：

> 世之言道者以性命为高远，孝弟为切近，而不知其一统。道无本末精粗之别。洒扫应对，形而上者存焉。《二程粹言》卷二

又有人问："《行状》云：'尽性至命必本于孝弟。'不识孝弟何以能尽性至命也？"他亦回答说：

> 后人便将性命别作一般事说了。性命孝弟只是一统底事。就孝弟中便可尽性至命。至如洒扫应对与尽性至命亦是一统的事。无有本末，无有精粗。却被后来人言性命者别作一般高远说。故举孝弟是于人切近者言之。然今时非无孝弟之人而不能尽性至命

者,由之而不知也。《二程遗书》卷十八

他又说:

> 能尽饮食言语之道,则能尽出处去就之道矣。能尽出处去就
> 之道,则能尽死生之道矣。其致一也。《二程粹言》卷一

程氏这种经验的唯物论和后起的浙东学派以及清初的一般反宋派的学
说差不多完全是一样。我们倘使把程氏亦放在"空谈性命"的一派宋儒
中,那不但要委屈程氏和他的嫡传弟子,而且亦要和实际的情形不符。
清代学者的"反宋",实在应该说是"反朱",因为空谈性命的只是朱氏这
一派而不是程氏那一派。程氏倘使生在朱氏的当时,他一定要做一位
反朱的同志。清儒对于所谓"宋学"所下的攻击,程氏早已发表过了。
他说:

> 今之语道者,吾高则遗卑,语本则遗末。孟子之书虽所记不主
> 一端,然无精粗之分,通贯言之,蔑不尽者。《二程粹言》卷一

他又说:

> 《中庸》之书是孔门传授,成于子思、孟子。其书虽是杂记,更
> 不分精粗一衮说了。今之语道多说高便遗却卑,说本便遗却末。
> 《二程遗书》卷十五

这种说法都足以证明程氏不但不肯空谈性命,而且态度很显明的去反
对空谈性命。所以清初一班汉学家的反宋可以说是远绍程氏和浙东学
派的余绪,算不得一种异军突起的革命。

理无大小说　关于大和小的关系程氏亦根本的不承认他。他说:

> 形而上者存于洒扫应对之间,理无小大故也。《二程粹言》卷一

他又说:

> 能尽饮食言语之道，则可以尽去就之道。能尽去就之道，则可以尽死生之道。饮食言语去就死生小大之势一也。故君子之学自微而显，自小而章。《易》曰："闲邪存其诚。"闲邪则诚自存。而闲其邪者则在于言语饮食进退与人交接之际而已矣。《二程遗书》卷二十五

程氏始终认定道无精粗，理无大小，教我们不要语高而遗卑，语本而遗末。他这种务实的哲学在当时竟这样的成熟，实在是我国学术思想史上一件最光荣的史迹。所以我们倘使不加细察随便把程氏混入所谓"宋学"里面去，那我们就不但要对不起程氏，而且亦要对不起我国的学术。程氏既然认定理无大小，所以他对于张载的"清虚一大"的说法不肯同意。他说：

> 此语便不是。这里论甚大与小。《二程遗书》卷三

程氏并由此推言事和志都没有什么大小的关系。他说：

> 较事大小，其弊必至于枉尺直寻。《二程粹言》卷一

有人问他"学者须志于大如何？"程氏说：

> 志无大小。且莫说道将第一等让与别人，且做第二等。才如此说便是自弃。虽与不能居仁由义者差等不同，其自小一也。言学便以道为志，言人便以圣为志。自谓不能者自贼者也。谓其君不能者，贼其君者也。《二程遗书》卷十八

程氏这种论调和朱氏一派学者的高谈阔论实在是大不相同。

阴阳无先后说　关于先和后的关系，程氏亦一样的不承认他可以成立。他说：

> 阴阳开阖本无先后。不可道今日有阴，明日有阳。如人有形

影。盖形影一时,不可言今日有形,明日有影。有便齐有。《二程遗书》卷十五

道无远近说　关于远和近的关系程氏亦用同样的见解去说明他。他说:

"道不远人","不可须臾离也",此特为始学者言之耳。论道之极,无远也,无近也,无可离不可离也。《二程粹言》卷一

总而言之,程氏的主张在于万物一理,不分天人;物我一理;事理一致;动静无端,阴阳无始;至于道理这种东西决没有本末、内外、精粗、大小、先后和远近等等的分别。他这种对于一元哲学的发挥真可以说是详尽无遗,淋漓尽致的了。

太极图式的二元论　至于朱氏的哲学,我们可以大胆的说,完全就是一个道家的"太极图"。他一方面相信有所谓"太极",一方面更相信有所谓"阴阳"和"五行"。因此朱氏对于万物一理的主张在表面上完全和程氏一致。他说:

彻上彻下,无精粗本末只是一理。《朱子全书》卷四十六

但是这个理并不是程氏所谓事事物物的"所以然"。朱氏意中的所谓理另有一种解释。他说:

大而天地万物,小而起居食息,皆太极阴阳之理也。《朱子全书》卷四十六

朱氏所谓万物一理和程氏所谓万物一理可以说是"貌同心异",因为朱氏这一个见解完全以那个"太极图"中的太极来做他的立脚点,和程氏的本意完全不同。至于朱氏对于这个理怎样用"二气五行"的道家者言去附会他,我们将来在讨论格物问题的时候再去详细讨论。现在我们先来说明朱氏种种二元的论调,看他怎样和程氏的学说相反对。

有趣的相对论 朱氏既然以"太极图"来做他的哲理的根据，所以他一方面因太极之说而有万物一理的主张，一方面又因阴阳之说而有理必有对的见解。这种"太极图"式的哲理当然要和程氏的说法不同。我们试看下面一段极有趣味而又毫无根据的朱氏"相对论"。有人问朱氏："天下之理无独必有对：有动必有静，有阴必有阳，以至屈伸消长盛衰之类，莫不皆然。还是他合下便如此耶？"朱氏回答说：

> 自是他合下来如此。一便对二，形而上便对形而下。然就一言之，一中又自有对。且如眼前见一物便有背有面，有上有下，有内有外。二又各自为对。虽说无独必有对，然独中又自有对。且如碁盘路两两相对，末梢中间只空一路，若似无对。然此一路对了三百六十路。此所谓一对万，道对器也。《朱子全书》卷四十六

朱氏此地一段话不但把程氏的全部一元论完全推翻，而且他所说的"一中又自有对"，"独中又自有对"，"二又各自为对"等等说法，完全是在"太极图"中翻筋斗。

道器有别说 朱氏既认定理必有对，因此他就把道和器分成明明白白的两橛。朱氏说：

> 形而上者谓之道，物之理也。形而下者谓之器，物之物也。且试屏去他说而只以此二句推之。若果见得分明，则其他说亦自通贯而无所遗也。《朱子全书》卷四十六

朱氏这种道器分家的说法显然和程氏"事理一致"的见解相反对。他又说：

> 形上形下却有分别。须分得此是体彼是用，方说得一源。分得此是象彼是理，方说得无间。若只是一物却不须更说一源无间也。《朱子全书》卷四十六

他这一段话一方面可以说是对于程氏"体用一源显微无间"两句话的曲解，一方面亦可以说是一种暗骂。所以我们倘使根据这一类的讨论来断定朱氏是一个能够发挥程氏学说的人那就是完全出于误会。

体用有别说　此外朱氏对于体和用、动和静、本和末等等的关系都承认他可以成立，而且他始终贯彻那"培养本源"的唯心论，主张这种种关系中仍旧含有轻重不同的价值。他说：

> 体用也定：见在底便是体，后来生底便是用。此身是体，动作处便是用。天是体，万物资始处便是用。地是体，万物资生处便是用。就阳言则阳是体，阴是用。就阴言则阴是体，阳是用。《朱子全书》卷四十六

这种体用的分别以现在科学的眼光看来究竟有什么一种价值，我们实在不敢说。他又说：

> 静为主，动为客；静如家舍，动如道路。《朱子全书》卷二

他又说：

> 呜呼！学者能知一阴一阳一动一静之可以相胜而不能相无，又知静者为主而动者为客焉，则庶乎其不昧于道体而日用之间有以用其力耳！《朱子全书》卷二十四

朱氏这种慨喟的语调似乎一定要我们一方面相信阴和阳以及动和静都是两橛，一方面相信静和阴是主是家舍，动和阳是客是道路。无论朱氏这种理论有没有相当的价值，他和程氏的见解完全不同那是可以武断的了。最后朱氏又说：

> 本末始终之说，只是要人先其本后其末，先其始后其终耳。《朱子全书》卷七

他这几句话刚刚和程氏所说的"今之语道多说高便遗却卑,说本便遗却末"这几句话针锋相对。

程朱两氏一元论二元论的总结 总而言之,程氏主张万物一理,天人无二,物我一理,事理一致,并没有什么动静、阴阳、本末、先后、大小等等的区别。这是很彻底的很周密的而且是很近现代所谓科学的一元论。朱氏则以为理各有对,道器有别,而且一切事物都有体用、阴阳、动静、先后、本末等等的关系,最后归结到先本后末,先始后终。这是一种不很彻底的二元论。因为朱氏原来是一个道家,他始终抛不下那一个道家的法实——"太极图"。所以他的学说除根据阴阳附会出来的二元论外还要受那个"太极"的拘束,不能不再用道家的二气五行来造成他那个万物一理的理。我们对于程朱两人的学说未加细察以前,总要感觉到朱氏的理论有时很像程氏,有时又很不像程氏。因此我们就以为像的地方是朱氏私淑程氏处,不像的地方是朱氏发挥或者纠正程氏处。倘使我们上面所述程朱两人学说的不同果然是可以成立,那么我们从前认程朱两人为一脉相传实在是一种错觉,一种误会,一种和实际完全不符的空话。

穷理尽性知命问题 我们在讨论程朱两人的一元二元的问题以后,还有一个相关的问题不能不附带在此地再讨论一下。这就是:穷理是否就是尽性知命?尽心是否就是知性知天?程氏是一个一元论者,当然认他们为一件事;朱氏是一个二元的唯心论者,当然要持反面的态度,这几乎是可想而知的了。所以有人问程氏"人有言:'尽人道谓之仁,尽天道谓之圣。'此语何如?"程氏回答说:

> 此语固无病,然措意未是。安有知人道而不知天道者乎?道一也,岂人道自是人道,天道自是天道?《中庸》言"尽己之性,则能尽人之性;能尽人之性,则能尽物之性;能尽物之性,则可以赞天地

之化育。"此言可见矣。《二程遗书》卷十八

他又说：

> 杨子曰："通天地人曰儒，通天地而不通人曰伎。"此亦不知道
> 之言。岂有通天地而不通人者哉？如止云通天之文与地之理，虽
> 不能此，何害于儒？天地人只一道也，才通其一则余皆通。如后人
> 解《易》言乾天道坤地道也，便是乱说。论其体则天尊地卑，如论其
> 道岂有异哉？《二程遗书》卷十八

这是说既知人道就知天道，才通其一便通其余，倘使分成几段，"便是
乱说"。

程氏对于天人之理既然主张一通百通，所以他对于穷理尽性至命
和尽心知性知天都看做一件事。他说：

> 穷理尽性至命只是一事。才穷理便尽性，才尽性便至命。《二
> 程遗书》卷十八

有人以为"穷理智之事也，尽性仁之事也，至于命圣人之事也"。程
氏说：

> 不然也。诚穷理则性命皆在是。盖立言之势不得不云尔也。

《二程粹言》卷二

他又说：

> 穷理尽性至命一事也，才穷理便尽性，尽性便至命。

他说到此地并指柱说：

> 此本可以为柱，理也。其曲直者，性也。其所以曲直者，命也。
> 理性命一而已。《二程外书》卷一

程氏并用同样的见解去批评张载的说法。他说：

> 理则须穷，性则须尽，命则不可言。穷与尽只是至于命也。横渠昔常譬命是源，穷理与尽性如穿渠引源。然则渠与源是两物。后来此议必改来。《二程遗书》卷二上

程氏对于尽心知性知天的见解亦是如此。他说：

> 禀于天曰性，而所主在心。才尽心即是知性，知性即是知天矣。《二程遗书》卷十八

他又说：

> 尽其心者我自尽其心。能尽心则自然知性知天矣。如言穷理尽性以至于命，以序言之不得不然。其实只能穷理便尽性至命也。《二程遗书》卷二十二上

程氏这个见解在当时张载就已经持反对的论调。苏昞在《洛阳议论》中记有下面一段话：

> 二程解穷理尽性以至于命，只穷理便是至于命。子厚谓亦是失于太快。此义尽有次序。须是穷理便能尽得己之性，则推类又尽人之性。既尽得人之性，须是并万物之性一齐尽得。如此然后至于天道也。其间煞有事，岂有当下理会了？学者须是穷理为先，如此则方有学。今言知命与至于命尽有近远。岂可以知便谓之至也？《二程遗书》卷十

张氏此地以为程氏的说法失于太快，因为此义尽有次序，其间煞有事，决不能当下便理会了。朱氏对于张氏原来极其推崇，所以他对于这一个问题亦和张氏一样提出反对的论调。朱氏说：

> 能尽其性则能尽人之性，能尽人之性则能尽物之性。只是恁

地贯将去。然却有个"则"字在。《朱子全书》卷二十五

他此地显然说尽性至命步骤分明，虽然可以贯穿下去，但是不能混成一事。朱氏并且再进一步去曲解程氏"才明彼即晓此"这句话的意思。他说：

> 程先生所以说才明彼即晓此：自家心下合有许多道理，事物上面各各也有许多道理。无古今无先后，所以说"先圣后圣其揆则一"。下又说道："若合符节。"如何得恁地？只缘道理只是一个道理，一念之初千事万事。究竟于此若能先明诸心，看事物如何来，只应副将去。如尺度，如权衡，设在这里。看什么物事来，长底短底，小底大底，只称量将去，可使不差毫厘。《朱子全书》卷三

朱氏此地显然以"明诸心"去解释程氏的"才明彼"，以"称量事物"去解释程氏的"即晓此"，以为程氏的意思是要我们先去明了自家心中的许多道理，就可以应付一切事物的道理。但是我们就程氏全部的哲学看来，程氏的本意决不如此。所以朱氏所说的话表面上好像是对于程氏学说的一种发挥，实际上只是一种曲解。

朱氏的一通百通说　朱氏还有一句貌同心异的话。他说：

> 天下只有一个道理，只要理会得这一个道理。这里才通，则凡天理、人欲、义利、公私、善恶之辨莫不皆通。《朱子全书》卷一

此地骤然看去，好像朱氏的见解完全和程氏一样，毫无分别。但是我们倘使稍加思考，我们就要想到朱氏所谓理和程氏所谓理的意义根本不同。而且程氏主张从物理上面求得我们的性，这是从物通到我。而朱氏则主张以我们心中固有的理去辨别天理人欲和义利公私等等的不同，这是从我通到物。所以朱氏所谓一通百通的方向刚刚和程氏相反。我们要研究南宋的思想，对于这种几微毫发的地方最宜注意。关于这

一点我们将来讨论他们两人的方法论时还要详细说明。

总论　总而言之，程氏既然主张天人相通物我无间，所以对于穷理尽性至命和尽心知性知天都看做一件事情，主张一通百通一了百了。而朱氏则以为各有步骤决不止一件事情。不过我们如果能够先去明了自己的心再去明了一切事物的道理，那末这亦是一通百通一了百了。程朱两人学说的异同，最难研究的就在这种地方，最容易误会的亦就在这种地方。他们两人见解的是非我们姑且不管，他们两人理论的不同那是无可再疑的了。

第二节　几个重要的名词

哲学上的名词　中国的学术史以北宋末年以来的理学为最复杂；而北宋末年以来的所谓理学以各种名词的定义和关系的种种讨论最是乌烟瘴气。例如当时诸位学者对于理、性、命、心、天、神、帝、鬼、道、气、情、易等等名词，都是各有各的定义，各有各的见解，或者是大同小异，或者是大异小同，往往所争的不过是几微毫发之间，弄得我们研究的人头晕脑闷。宋代的理学所以受后代人的叱骂，就是为此；宋代的理学所以到如今还没有人敢把他好好的整理起来，亦就是为此。

理性命无异　程氏是一个一元论者，所以他对于这许多名词的见解最是简单明了。他以为所谓理、性、命、心、天、神、帝、鬼、道、气、情、易等等名词，原来都是同样的东西。圣人因事制名，所以不同，我们如果随文析义，求奇异之说，就要失去圣人的本意。他说：

> 天之付与之谓命，禀之在我之谓性，见于事业之谓理。《二程遗书》卷六

他又说：

> 理也性也命也，三者未尝有异。穷理则尽性，尽性则知天命
> 矣。天命犹天道也，以其用而言之则谓之命。命者造化之谓也。
> 《二程遗书》卷二十一下

就此可见程氏以为理性命三个名词"未尝有异"。这三个名词为吾国儒家哲学中最重要的术语。程氏学说的一元态度我们在此地已经可以窥见一斑。

心道实一　程氏不但以为理、性和命都原本是一样东西，而且他并用同样的见解去解释心和道。他说：

> 在天为命，在义为理，在人为性，主于身为心，其实一也。《二
> 程遗书》卷十八

他又说：

> 孟子曰："尽其心，知其性。"心即性也。在天为命，在人为性，
> 论其所主为心，其实只是一个道。《二程遗书》卷十八

就此可见程氏以为心亦就是性，完全是一物而异名。而所谓命性心等等实在就是一个道。这个道是贯通宇宙中一切事物的道理，既不分天人，亦不分物我。这个见解可以说是程氏一元哲学的根本立脚点。

心性天无异　程氏对于心性和天亦用同样的见解去说明他们，所以有人问他孟子言心性天只是一理否？他的回答是：

> 然。自理言之谓之天，自禀受言之谓之性，自存诸人言之谓之
> 心。《二程遗书》卷二十三上

他又说：

> 孟子曰："尽其心者知其性也。知其性则知天矣。"心也性也天

也非有异也。《二程遗书》卷二十五

他以为天和心和性都只是一理，并没有什么不同。

帝神鬼等无异　此外程氏对于帝、神、鬼、易、乾等等名词都看作道的别名。他说：

> 以形体谓之天，以主宰谓之帝，以至妙谓之神，以功用谓之神鬼，以性情谓之乾，其实一而已，所自而名之者异也。夫天专言之即道也。《二程粹言》卷二

他又说：

> 上天之载无声无臭之可闻。其体则谓之易，其理则谓之道，其命在人则谓之性，其用无穷则谓之神，一而已矣。《二程粹言》卷一

程氏此地再三说"一而已矣"这句话，可见他把性、理、命、心、天、神、帝、鬼、道、易等等名词都看做同一个东西。不过因为这一个东西的位置不同，和我们对于这一个东西的看法不同，所以我们给这一个东西起了许多不同的名字。这就是程氏所说"所自而名之者异也"的意思。

神气是一　程氏并亦用同一的见解去说明气和神。他说：

> 神气相极，周而无余。谓气外有神，神外有气，是两之也。清者为神，浊者独非神乎？《二程粹言》卷二

这是说神和气本是一物，不能分为两件东西。他又说：

> 称性之善谓之道，道与性一也。以性之善如此，故谓之性善。性之本谓之命，性之自然者谓之天，自性之有形者谓之心，自性之有动者谓之情。凡此数者皆一也。圣人因事以制名，故不同若此。而后之学者随文析义，求奇异之说，而去圣人之意远矣。《二程遗书》卷二十五

程氏在此地始终以一元哲学的态度主张凡是吾国儒家哲学中种种乌烟瘴气的术语，根本上都只是一个东西。他并警告我们不要"随文析义求奇异之说"，免得"去圣人之意远矣"。他这种一元的论调总算是非常的彻底，非常的坚决。

我们为使得读者明了起见，所以不厌繁复再把上面所引的几段文字用算学公式表出如下：

$\because$ 命＝性＝理

$\because$ 命＝理＝性＝心

$\because$ 命＝性＝心＝道

$\because$ 天＝性＝心

$\because$ 天＝帝＝神＝神鬼＝乾＝道

$\because$ 易＝道＝性＝神

$\because$ 神＝气

$\because$ 命＝天＝心＝情

$\therefore$ 命＝性＝理＝心＝道＝天＝帝＝神＝神鬼＝乾＝易＝气＝情

至于朱氏对于这几名词就不免有些如程氏所说"随文析义求奇异之说"了。至于程朱两人的见解谁"去圣人之意远"，我们因为这是对于他们两人学说的估值问题，不是这篇文章范围中应有的责任，所以我们不想去讨论他。

儒化的道家　朱氏这个人依著者的愚见原是一个"儒化"的道家，换句话说，朱氏实在是一个儒冠儒衣的道士。我国的道家对于养心这段工夫向来看得很重要，所以朱氏在为学的方法上就始终认定涵养此心为最切要。关于这一点，我们后面再说，现在先讨论朱氏对于上述种种名词的见解怎样和程氏不同。

心统性情说　朱氏既然是一个道家,既然把心看得很重要,所以他和程氏一元的论调把心看做一个极其平常的东西大不相同。而且因此朱氏对于心的问题并没有特创的卓见,他不过绝对接受张载《性理拾遗》中"心统性情者也"那一句话。他一则说:

> 横渠心统性情之说甚善。《朱子全书》卷四十四

再则说:

> 横渠心统性情之说此话有大功。《朱子全书》卷四十五

三则说:

> 横渠心统性情说极好。《朱子全书》卷四十五

四则说:

> 横渠心统性情之语精密。《朱子全书》卷四十五

五则说:

> 如横渠心统性情句乃不易之论。孟子说心许多皆未有似此语端的。仔细看,便见其他诸子等书皆无依稀似此。《朱子全书》卷四十四

我们看上面朱氏所说的话,可见他对于"心统性情"的说法推崇到了万分。但是这一说和程氏的"心即性也","心也性也天也,非有异也"的说法根本不同。

心为主宰说　朱氏既然接受张载心统性情的主张,所以他把心看得特别重要,认为是一切的主宰。他说:

> 此心本来虚灵,万理具备。事事物物皆所当知。《朱子全书》卷四十四

怎样叫做虚灵？他竟说出下面这段出于意外的话：

> 凡物有心而其中必虚。如饮食中鸡心猪心之属，切开可见。人心亦然。只这此虚处便包藏许多道理。弥纶天地，该括古今。推广得来，盖天盖地，莫不由此。此所以为人心之妙与？《朱子全书》卷四十四

他为自圆其说起见，更用那道家的五行学说来附会自己的主张。他说：

> 心属火，缘是个光明发动底物，所以具得许多道理。《朱子全书》卷四十四

这种毫无根据的说法，程氏决不肯如此的大胆。其实朱氏这种尊心的主张仍旧脱不了道家"真宰"的老调。

心不是性说　朱氏既然把心认为一个独立的东西，他曾说"唯心无对"《朱子全书》卷四十四，所以他和程氏的主张不同，把心和性情都分别开来，完全看做不同的东西。朱氏说：

> 虚处只是心，不是性，性只是理。《朱子全书》卷四十四

他又说：

> 性本是无却是实理。心似乎有影象，然其体却虚。《朱子全书》卷四十五

他又说：

> 心以性为体，心将性作馅子模样。《朱子全书》卷四十四

这样说来，心和性完全是两样东西，这和程氏"心即性也"的主张完全不同。

性情不同说　至于性和情在程氏看来原是"凡此数者皆一也"。朱氏却要"随文析义，求奇异之说"了。

他说：

> 性是静，情是动，心则兼动静而言。《朱子全书》卷四十四

他又说：

> 性是未动，情是已动，心包已动未动。盖心之未动则为性，已动则为情，所谓心统性情也。《朱子全书》卷四十五

这可见朱氏始终接受张载的心统性情说，把性和情看作心的两个分子。这是"太极图"的老调。而朱氏的哲学所以从一元的唯心论仍旧要走入两元的窠臼，这亦是一个很明显的实例。这和程氏那种澈底的一元态度大不相同。所以朱氏更明白的说：

> 心统摄性情，非侊侗与性情为一物而不分别也。《朱子全书》卷四十五

这几句话几乎可以说是对于程氏"心即性也"那句话的挑战了。

道性相对说　朱氏既然把心和性情分开，他亦把道和性分得很清楚。他说：

> 道是在物之理，性是在己之理。《朱子全书》卷四十二

他又说：

> 天命之谓性，率性之谓道。性与道相对，则性是体，道是用。《朱子全书》卷二十四

这种主张不但和程氏"道与性一也"的说法完全不同，就是和程氏物我一理的主张亦大有冲突。不但如此，他还要向门人批评程氏"天专言之则道也"那句话，明说"伊川此句某未敢道是。天地只以形言"。《朱子全书》卷二十八。

性命不同说　朱氏又把性和命亦分成两件东西，他说：

> 性者万物之原，命者万物之所同受。而阴阳交运参差不齐，是以五福六极值遇不一。《朱子全书》卷四十三

这亦和程氏性命皆一的主张完全两样。

道理不同说　朱氏又把道和理分别开来，他说：

> 道字包得大，理是道字里面许多理脉。
>
> 道字宏大，理字精密。《朱子全书》卷四十六

意志不同说　朱氏又把意和志分别开来，他说：

> 意志皆与情相近。……志便清，意便浊。志便刚，意便柔。志便有立作意思，意便有潜窃意思。意多是说私意，志便说匹夫不可夺志。《朱子全书》卷四十五

朱氏这种分别实在有点近于程氏所说的"随文析义求奇异之说"。至于是否"去圣人之意甚远"，我们后辈当然不敢去批评他。不过程朱两人对于这许多名词一主一元、一主二元那却很显著的了。

第三章　理学上几个
重要的问题

第一节　性气的问题

性气问题　我们照上面两段所述的看来,程氏主张一元论和朱氏主张二元论已经很明显的了。但是在现在好像还有人以为朱氏的性气二元论实在渊源于程氏,这句话恐怕和事实不符。程氏虽然亦曾经提出过"气质之性"四个字,但是他决没有把性气两个字看做两样绝对相对的东西。至于朱氏对于性气的问题,却把他当做一个主要的题目借来发挥他那极其周密极其完整的二元论。

程氏说一　我们现在先看程氏对于性气的关系抱一种什么意见。程氏说:

> 生之谓性,性即气,气即性,生之谓也。人生气禀,理有善恶,然不是性中元有此两物相对而生也。有自幼而善,有自幼而恶,是气禀有然也。善固性也,然恶亦不可不谓之性也。盖生之谓性,人生而静以上不容说,才说性时便已不是性也。凡人说性,只是说继之者善也。孟子言人性善是也。《二程遗书》卷一

程氏这段议论著者认为非常重要,因为我们就此可以看出程氏性气一

元的主张。第一点他以为凡说性都是指生之谓性。既然如此,那末性就是气,气就是性,完全是一样东西。第二点他以为人生而静以上不容说,才说性时便已不是性。第三点他以为既然凡是性都是指生之谓性,那末善固然是性,就是恶亦不可说他不是性。因为善恶是从气禀而来,气就是性;气有善恶,性当然亦随之而有善恶,所以说恶亦是性。此地程氏所说的生之谓性就是朱氏的气质之性,程氏所说的人生而静以上不容说的性就是朱氏的天命之性。程氏坚决的主张凡说性只能指生之谓性,不容说天命之性。这是程氏对于性气主张一元的一个很显明的证据。所以有人问:"性相近也,习相远也,性一也,何以言相近?"程氏回答说:

> 此只是言气质之性,如俗言性急性缓之类。性安有缓急? 此言性者生之谓性也。《二程遗书》卷十八

就此可见程氏所说的生之谓性就是气质之性。因为他主张凡说性只指生之谓性,所以性和气就混合而成为一个东西了。这是程氏对于性气主张一元的第一点。

程氏说二　有人问程氏:"孔孟言性不同,如何?"他回答说:

> 孟子言"性善"是性之本,孔子言"性相近"谓其禀受处不相远也。人性皆善,所以善者于四端之情可见。故孟子曰:"是岂人之情也哉?"至于不能顺其情而悖天理,则流而至于恶。故曰:"乃若其情则可以为善矣。"若,顺也。《二程遗书》卷二十二上

此地骤然看去,好像程氏主张有两种性:就是所禀之性和性之本。但是他此地所说的"性之本"并没有包涵"天命之性"的意思,因为我们在前面已经说过,程氏根本上不愿提起人生而静以上的那个性。所以他此地所说的"性之本"还是指那"生之谓性"的本,而所禀之性就是指我

们的气禀。他的意思就是说我们的本性都是相同的,不过气禀方面各人稍有不同罢了。这种说法和他那性气一元论并没有什么冲突的地方。这是程氏对于性气一元论加以解释的第二点。

程氏说三 程氏既然主张性本相同而气禀各异,所以他主张性本善而气则有善有不善。他说:

> 性即理也,所谓理性是也。天下之理原其所自未有不善。喜怒哀乐未发何尝不善?发而中节则无往而不善。《二程遗书》卷二十二上

他此地以为性就是理,理既无不善,所以性亦无不善。程氏又说:

> 气有善不善,性则无不善也。人之所以不知善者气昏而塞之耳。《二程遗书》卷二十一下

他又说:

> 性无不善,其偏蔽者由气禀清浊之不齐也。《二程粹言》卷二

他此地以为性无不善而气则有善有不善。他又说:

> 气之所钟有偏正,故有人物之殊;有清浊,故有智愚之等。《二程粹言》卷二

程氏对于上面这段意思更加以下面的说明:

> 性出于天,才出于气。气清则才清,气浊则才浊。譬犹木焉,曲直者性也,可以为栋梁可以为榱桷者才也。才则有善与不善,性则无不善。《二程遗书》卷十九

他此地以为性出于天,才出于气,所以气的善不善就在才上看出来。总而言之,程氏对于性气的问题始终主张:

> 性无不善，其所以不善者才也。受于天之谓性，禀于气之谓
> 才。才之善不善，由气之有偏正也。乃若其情则无不善矣。《二程
> 外书》卷七

不过我们此地应该注意程氏虽然把性和气或者性和才两两的对举，但是他无非说明人才所以有善恶完全是因为气禀不同，并没有把所谓"天命之性"和"气质之性"截分为二，更没有把善都归到"天命之性"，把不善都归到"气质之性"。这是程氏对于性气一元论加以解释的第三点。

性情皆善说 至于性和情的关系，我们在前面已经讨论过，程氏认为一样的东西，所以他说：

> 才有生后便有性，有性便有情；无性安得情？《二程遗书》卷十八

性情既然是一样东西，那末"性善而情有不善乎"？程氏回答说：

> 情者性之动也，要归之正而已，亦何得以不善名之？《二程粹
> 言》卷二

这一个性情皆善的主张亦可以当做程氏主张性气一元的一个小小的旁证。

总论 总而言之，程氏虽然亦承认有所谓性和所谓气，但是凡是说性只能专指生之谓性，至于天命之性是人生而静以上的一段话，不容再说。所谓性既然是专指生之谓性，那末性就是气，气亦就是性了，所以性和气还是同一样东西，并不是两相对待。倘使我们对于程氏主张的解释并无错误，那末程氏对于性气问题完全没有失去他那一元的立脚点。

朱氏说一 至于朱氏对于性气的问题主张绝对的二元论，那是我们都知道的了。现在我们再大略叙述他一下。朱氏说：

> 天下未有无理之气，亦未有无气之理。《朱子全书》卷四十九

他又说:

> 天地之间有理有气。理也者形而上之道也,生物之本也;气也
> 者形而下之器也,生物之具也。是以人物之生必禀此理然后有性,
> 必禀此气然后有形。《朱子全书》卷四十九

朱氏此地把理气对举起来,骤看好像非常平稳,但是实际上和程氏所
说的:

> 神气相极,周而无余。谓气外有神,神外有气,是两之也。清
> 者为神,浊者独非神乎?《二程粹言》卷二

这几句话根本上大相冲突。程氏此地竭力主张神气合一而朱氏则绝对
主张理气是两件不同的东西。朱氏说:

> 理气本无先后之可言,然必推其所从来,则须说先有是理。
> 《朱子全书》卷四十九

他此地把理放在气的前面,这又和程氏"阴阳开阖有便齐有"的主张大
相冲突了。朱氏又说:

> 才说性字便是以人所受而言,此理便与气合了。但直指其性,
> 则于气中又须见得别是一物始得。不可混并说也。《朱子全书》卷四
> 十三

此地可见朱氏始终不愿意附和程氏的主张把性和气混合为一个东西。
单就以上所引的几段话看来,我们差不多已经可以证明程朱两人对于
性气问题根本上实在不同了。

朱氏说二 我们现在再看朱氏怎样发挥他那性气二元的论调。
他说:

> 天地之性是理也,才到有阴阳五行处便有气质之性。于此便有

　　昏明厚薄之殊。得其秀而最灵乃气质以后事。《朱子全书》卷五十二

他此地把天地之性和气质之性明明白白的分成两截了。程氏不愿说到人生而静以上的性，我们在前面已经说过。这是朱氏和程氏说法不同的一点。朱氏既说天地之性是理，那末气质之性难道就不是理？程氏以为善固然是性，恶亦不可不谓之性。这是因为程氏说性只肯说气质之性，所以有这种论调。这是朱氏和程氏说法的不同又一点。

　　朱氏说三　朱氏对于天地之性和气质之性有下面这解释。他说：

　　　　天命之谓性是专言理。虽气亦包在其中，然说理意较多。《朱子全书》卷二十四

他此地所说的话，忽而说专言理，忽而说气亦包在其中，忽而又说理意较多，似乎不成文理。但是这亦可见朱氏的性气二元论实在不如程氏一元论那样痛快那样彻底。至于气质之性，朱氏以为：

　　　　生之谓性只是就气上说得。盖谓人也有许多知觉运动，物也有许多知觉运动，人物只是一般。不知人之所以异于物者以其得正气，故具得许多道理。如物则气昏而理亦昏了。《朱子全书》卷二十二

他此地说生之谓性专言气，因为人气正物气昏，所以人具道理而物理就昏了。他一方面把性和理分为二种不同的东西已经和程氏性即理的主张不同，一方面又把气和理亦分为二种不同的东西，更和程氏气即神的主张不同。此外朱氏并把人和物分为二种不同的东西，这亦和程氏所说的"人在天地之间与万物同流，天几时分别出是人是物"《二程遗书》卷二上这几句话完全相反。

　　总论　总而言之，朱氏对于性气的问题完全抱一个二元论的态度，一定要把天命之性和气质之性两相对举起来。至于程氏对于这个问题的态度和他对未发已发的问题态度一样，虽然没有绝对否认所谓"天命

之性",但是绝对不愿讨论到这个"天命之性",只愿意谈到"生之谓性",这是因为程氏是一个彻底的正宗儒家,所以不愿凿空的去讨论那形而上的玄理。这可以说是程朱两人学说上根本不同的一点。此外朱氏处处要把性和理或者理和气"岐而两之",这和程氏处处要把这类名词的意义合并为一的态度亦完全相反。

第二节　已发未发的问题

已发未发问题　什么叫做已发未发的问题?原来《中庸》上有一句话就是:

> 喜怒哀乐之未发谓之中。

这一句话引起后代儒家许多许多的讨论,到了南宋时候尤其是议论纷纭。程氏和朱氏对于这句话当然亦各有见解。他们两人的哲理我们既然知道根本上完全不同,所以他们两人对于这句话的解释亦就各有主张,不能一致。

程氏说一　程氏对于这句话的见解仍旧用他那一元论的态度以为人心无论已发或未发都是中。所以有人问他:"有已发之中,有未发之中,中有二耶?"他回答说:

> 非也。发而中节是亦中也。对中而言之则谓之和可也。以其发故也。《二程粹言》卷一

无论已发未发既然都是中,那末我们当然不可以求中于喜怒哀乐未发之前了。所以有人问:"喜怒哀乐未发之前求中,可否?"他回答说:

> 不可。既思于喜怒哀乐未发之前求之,又却是思也。既思即

> 是已发。才发便谓之和，不可谓之中也。《二程遗书》卷十八

程氏此地的意思好像以为未发时当然是中，不必再勉强去求中。倘使勉强去求未发的中，那末当勉强去求的时候我们就已经用过一种思考，一有思考就是已发了。

程氏说二　程氏既然主张无论已发未发都是中，而且主张我们不可求中于未发之前，那末我们对于未发前应该用消极的静的工夫呢？还是积极的敬的工夫呢？程氏究竟是一个正宗的儒家，他的思想是积极的，丝毫不肯和道佛两家一样取消极的态度。所以他主张未发前决不可下静字，应该先理会敬字。因此有人问他："夫子于喜怒哀乐之未发也，谓静而已乎？"他回答说：

> 汝必从事于敬以直内，则知而得之矣。《二程粹言》卷一

又有人问他："先生于喜怒哀乐未发之前下动字下静字？"他又回答说：

> 谓之静则可，然静中须有物始得。这里便是难处。学者莫若且先理会得敬。能敬则自知此矣。《二程遗书》卷十八

总论　总而言之，程氏对于这个已发未发的问题态度非常的谨慎。他始终只愿讨论已发的部分而不愿多谈未发的部分。就是有时不得已而要讨论到未发的部分，他亦只肯叫我们先去理会敬，而不肯下一个静字。我们总觉得程氏对于这一个问题中未发的部分好像他的见解不十分斩截，好像他故意避去未发问题的讨论。这一点是否因为他想免得堕入道佛的窠臼，那我们却不敢武断。不过他的见解和朱氏大不相同，那是我们再看下文所述就可以完全明白的。

朱氏说一　至于朱氏对于这个问题，因为他是一个二元论的哲学家，所以他的态度比较的显明，他的论调比较的有系统。不过他仍旧不脱他那"太极图"的圈套。他说：

> 中字是状性之体,性具于心。发而中节则是性自心中发出来也,是之谓情。《朱子全书》卷二十四

这就是说未发是藏在心中的性,已发是心中发出来的情。朱氏本来绝对接受张载"心统性情"的主张,所以他对于这个已发未发的问题当然仍旧用同样的见解去解决他。

朱氏说二　他又说:

> 未发者太极之静,已发者太极之动也。须如此看得方无偏滞,而两仪四象八卦十二爻之说皆不相碍矣。《朱子全书》卷二十四

这种论调显然又落入"太极图"的旧套,以心去比附太极,以性去比附静,以情去比附动。这是道家的老调,没有什么新奇的地方。所以有人问朱氏:"戒惧者所以涵养于喜怒哀乐未发之前,慎独者所以省察于喜怒哀乐已发之后。不知经意与日用之功是如此否?"他回答说:

> 此说甚善!《朱子全书》卷二十四

这种对比流畅的文章原是朱氏所最擅长的一种技术。后代学者对于朱氏所以这样的倾倒,恐怕就是他那枝文笔的力量。总而言之,朱氏对于这个问题,一方面把已发和未发双双对举,铢两悉称,一方面把未发看作太极的静,都不但不是程氏的意思,而且亦和程氏的见解相反。

赤子之心　此外程氏曾经以为所谓赤子之心是指已发。所以有人问他:"《杂说》中以赤子之心为已发,是否?"他回答说:

> 已发而去道未远也。《二程遗书》卷十八

而朱氏对于这个问答却要持异议。他说:

> 赤子之心也有未发时,也有已发时。今欲将赤子之心专作已发看,也不得。赤子之心方其未发时亦有老稚贤愚不同。但其已

发未有私欲，故未远乎中耳。《朱子全书》卷二十一

朱氏这段话与其说是对于程氏意思的曲解，不如说他是对于程氏主张的驳议。我们往往误以朱氏为能发挥程氏的理论就在这一种地方。

中的问题　我们上面所述的都是关于已发未发的问题。现在还有一个和这个问题有密切关系的问题不能不加以讨论。这就是"喜怒哀乐之未发谓之中"这句话里的中字问题。这一个中字的问题原亦是我国儒家哲学上一个中心问题，值得我们研究中国学术者的注意。程朱两人对于已发未发的见解既然各不相同，那末他们两人对于中字的解释当然亦是各持异议了。好在对于这个问题朱氏自己已经做过一篇详备的文章，我们只要读他这一篇文章就可以看出程朱两人对于这个字所见不同的地方究竟是在哪里。朱氏说：

前此因程氏凡言心者皆指已发之云，遂目心为已发而以性为未发之中，自以为安矣。比观程子《文集》《遗书》，见其所论多不符合。因再思之，乃知前日之说虽于心性之实未始有差，而未发已发命名未当。且于日用之际欠却本领一段工夫。盖所失者不但文义之间而已。因条其语而附以己见告于友朋，愿相与讲焉。恐或未然，当有以正之。《文集》云："中即道也。"又曰："道无不中，故以中形道。"又云："中即性也，此语极未安。中也者所以状性之体段，如天圆地方。"又云："中之为义自过不及而立名。若只以中为性，则中与性不合。"又云："性道不可合一而言。中止可言体而不可与性同德。"又云："中性之德，此为近之。"又云："不若谓之性中。"又云："喜怒哀乐之未发谓之中。赤子之心发而未远乎中。若便谓之中，是不识大本也。"又云："赤子之心可以谓之和，不可谓之中。"

《遗书》云："只喜怒哀乐不发便是中。"又云："既思便是已发，喜怒哀乐一般。"又云："当中之时，耳无闻，目无见，然见闻之理在

始得。"又云:"未发之前谓之静则可。静中须有物始得。这里最是
难处。能敬则自知此矣。"又云:"敬而无失,便是喜怒哀乐未发谓
之中也。敬不可谓之中,但敬而无失,即所以中也。"又云:"中者天
下之大本。天地间亭亭当当直上直下之理,出则不是。惟敬而无
失最尽。"又云:"存养于未发之前则可,求中于未发之前则不可。"
又云:"未发更怎求?只平日涵养便是。涵养久则喜怒哀乐发而中
节。"又云:"善观者却于已发之际观之。"

右据此诸说,皆以思虑未萌事物未至之时为喜怒哀乐之未发。
当此之时,即是心体流行寂然不动之处。而天命之性体段具焉。
以其无过不及不偏不倚,故谓之中。然已是就心体流行处见,故直
谓之性则不可。吕博士论此大概得之。特以中即是性,赤子之心
即是未发,则大失之。故程子正之。盖赤子之心动静无常,非寂然
不动之谓,故不可谓之中。然无营欲知巧之思,故为未远乎中耳。

未发之中本体自然,不须穷索。但当此之时,敬以持之,使此
气象常存而不失。则自此而发者其必中节矣。此日用之际本领工
夫。其曰却于已发之处观之者,所以察其端倪之动而致扩充之功
也。一不中则非性之本然,而心之道或几乎息矣。故程子于此每
以敬而无失为言。又云:"人道莫如敬,未有能致知而不在敬者。"
又曰:"涵养须是敬,进学则在致知。"以事言之则有动有静,以心言
之则周流贯彻,其工夫初无间断也。但以静为本耳。

上面这半篇文章先去引述程氏对于中字的各种见解,再由朱氏加以说
明。现在再看朱氏在后半篇文章中怎样批驳程氏见解的不合。朱氏继
续的说:

向来讲论思索,直以心为已发,而所论致知格物亦以察识端倪
为初下手处。以故缺却平日涵养一段工夫。其日用意趣常偏于

动,无复深潜纯--之味。而其发之言语事为之间,亦常躁迫浮露,
无古圣贤气象。由所见之偏而然尔。

朱氏这几句话骤看好像是责备他自己。其实他在暗骂程氏的见解太偏,和懊悔自己从前不该误信程氏的学说。他又继续说:

> 程子所谓"凡言心者皆指已发而言"。此却指心体流行而言,非谓事物思虑之交也。然与《中庸》本文不合,故以为未当而复正之。固不执其已改之言而尽疑论说之误,又不可遂以为未当而不究其指之殊也。

这是显然攻击程氏的见解以为和《中庸》本文不合了。他的结论说:

> 周子曰:"无极而太极。"程子又曰:"人生而静以上不容说。才说时便已不是性矣。"盖圣贤论性无不因心而发。若欲专言之,则是所谓无极,而不容言者亦无体段之可名矣。未审诸君子以为如何?《朱子全书》卷二十四

朱氏到此仍旧要转到"太极图"中去,以为彻底的说起来,所谓性实在是一种没有体段可名的无极。总而言之,朱氏在这全篇文章中明明说程氏以心为已发未免缺却平日涵养一段工夫,日用意趣常偏于动,无复深潜纯一之味,而且亦和《中庸》本文不合。我们倘使读过这一篇文章,还要说程朱两人同属一派,那就要犯人云亦云的毛病了。

第三节　知行的问题

知行问题　程氏是一个一元哲学家,所以他对于知行的问题主张合一而对于行字尤其看得重要。儒家的一元论所以和佛家的一元论完

全不同就在这种地方。我们譬如以知行两字来说：儒家的主张以为行就是知，知的目的本在行字；佛家则以为知较行为重要，所以我们只要求知，那末行起来自然头头是道了。表面上看来好像儒家是逐末的，所以被佛家骂为"支离"；佛家是务本的，所以被儒家骂为"空虚"。这种异同都是在几微毫发之间，所以我们加以研究时总觉得他们非常混乱。而道家一派中人就想起来做一个中间人，一面采取儒家逐末的工夫，一面亦采取佛家务本的工夫，自己以为是能够执其两端而折衷之。朱氏的态度就是完全如此。而且我们要知道这种"首鼠两端"的哲学在和别家辩论时最为有利。我们试看当朱氏要攻击陆九渊这派佛家的时候，他就转一个方向站在儒家的地位上，骂他们为知一不知二；他要攻击程氏一派儒家的时候，他又转一个方向站在佛家的地位上，骂他们为舍本而逐末。我国的学者所以往往误朱氏为能集我国各家思想的大成，我们研究朱氏的学说所以往往弄得眼花缭乱看不分明，原因就都在此。现在让我们看程朱两人对于知行问题的态度怎样。

学必求用　程氏对于知行的问题有一个前提，这就是学必求有用。他说：

> 治其器必求其用。学道者当如何尔。《二程外书》卷一

他又说：

> 百工治器必贵于有用。器而不可用，工不为也。学而无所用，学将何为也？《二程粹言》卷一

他此地坚决的主张学必求其有用。他又说：

> 穷经将以致用也。今世之号为穷经者果能达于政事专对之间乎？则其所谓穷经者章句之末耳。此学者之大患也。《二程遗书》卷四

他此地主张穷经必以致用为目的。他这种求用的主张后来流入浙东之后就变成朱氏眼中所谓"功利之学"的一派。著者所以认定程氏为浙东学派的开山，这亦是一个理由。这是程氏对于知行问题的第一个见解。

学必须行　程氏既然主张学必求用，那末学成后当然要注重实行了。所以他说：

> 学贵乎成，既成矣将以行之也。学而不能成其业，用而不能行其学，则非学矣。《二程粹言》卷一

他又说：

> 未有知之而不能行者。谓知之而未能行，是知之未至也。《二程粹言》卷一

他又说：

> 力学而得之，必充广而行之。不然者局局其守耳。《二程粹言》卷一

他此地再三的主张既知了必能行，既学了亦必须行；如不能行就是未知和未学。这是程氏对于知行问题的第二个见解。

知行合一　程氏既然主张学贵有用，而且必须实行，于是再进一步发出下面这一类知行合一的论调。他说：

> 学者言入乎耳，必须著乎心，见乎行事。如只听他人言，却似说他人事，己无所与也。《二程遗书》卷十八

这段议论明明叫我们要知行合一了。他又说：

> 学者有所得，不必在谈经论道间，当于行事动容周旋中礼得之。《二程粹言》卷十

他此地以为学者的心得要能够实行起来，单单谈论决是不够。尹醇尝

问程氏:"如何是道?"程氏竟回答说:

> 行是处。《二程外书》卷十二

这三个字极足以代表儒家方面对于知行问题的一元态度。这是程氏对于知行问题的第三个见解。总而言之,程氏对于知行的问题亦和佛家一样主张合一,不过佛家的合一以知为主,儒家的合一以行为主,这是根本上儒佛所以不同的地方,亦就是程氏一派的一元论和陆九渊一派的一元论所以不同的地方。

先知后行 现在我们试看朱氏怎样用道家二元论的态度来调和这个问题。朱氏把知和行完全分成两橛,而且始终主张先知而后行。他说:

> 泛论知行之理而就一事之中以观之,则知之为先,行之为后,无可疑者。《朱子全书》卷三

他又说:

> 知与行之夫须著并到。知之愈明则行之愈笃,行之愈笃则知之益明,二者皆不可偏废。然又须先知得,方行得。《朱子全书》卷三

他此地一方面说知和行不可偏废,一方面又说先知而后行,这个论调完全根据他那道家的"太极图"而来,就是要有一个阴和一个阳,同时又要有一个太极。朱氏哲学的全部结构实际上就是一个"太极图"。这一点我们在前面已经屡次叙述过,此地不必再去发挥了。

行处非道 至于朱氏怎样去推翻程氏"行处是道"那句话,我们看下面这段朱氏和王子充的问答就明白了:

> 王子充问:"某在湖南见一先生只教人践履。"朱子曰:"义理不明,如何践履?"曰:"他说行得便见得。"曰:"如人行路,不见便如何

行?"《朱子全书》卷三

我们在前面曾经说过朱氏要反对儒家正宗学说的时候,他往往站在佛家的地位来骂儒家忘本,上面这个故事亦就是一个小小的例证。总而言之:程氏对于知行的问题主张合一而且主张以行为主。朱氏则以为知和行固然不可偏废,但是知应该居先而行则在后。此地一元论和二元论的主张非常显著,亦足以证明程朱两人的见解根本不同。

仁字的意义　我们此地还要附带叙述程朱两人对于仁诚两个名词的意义怎样各抱一种不同的解释。

程氏以为仁是性,爱是情,所以仁者固爱,但是爱不就是仁。他说:

> 孟子曰:"恻隐之心仁也。"后人遂以爱为仁。恻隐固是爱也。爱自是情,仁自是性,岂可专以爱为仁? 韩退之言"博爱之谓仁",非也。仁者固博爱,然便以博爱为仁,则不可。《二程遗书》卷十八

而朱氏竟大不以为然,以为离爱说仁,未免悬空揣摸,弊病百出,所以非痛加驳斥不可。他说:

> 类聚孔孟言仁处以求夫仁之说,程氏为人意可谓弥切。然专一如此用功,却恐不免长欲速好径之心,滋入耳出口之弊,亦不可不察也。大抵二先生之前学者全不知有仁字,凡圣贤说仁处不过只作爱字看了。自二先生以来学者始知理会仁字,不敢只作爱说。然其流复不免有弊者,盖专务说仁,而于操存涵养之功不免有所忽略;故无复优柔厌饫之味,克己复礼之实;不但"其蔽也愚"而已。而又一向离了爱字,悬空揣摸。既无真实见处,故其为说恍惚惊怪,弊病百出;殆反不若全不知有仁字而只作爱字看却之为愈也。《朱子全书》卷四十七《答张敬夫》

朱氏此地自以为骂得太痛快了,所以他随即向张栻声明他的理由:

以爱论仁犹升高自下，尚可因此附近推求，庶其得之。若如近日之说则道近求远一向没交涉矣。此区区所以妄为前日之论而不自知其偏也。《朱子全书》卷四十七

这是朱氏对于仁字的解释反对程氏的一点。

诚字的意义 至于诚字的意义，程氏以为诚就是实理。他说：

夫诚者实而已矣。实有是理故实有是物，实有是物故实有是用，实有是理故实有是心，实有是心故实有是事。是皆原始要终而言也。簸不可以簸扬，则簸非簸矣。斗不可以把酒浆，则斗非斗矣。种禾于此则禾之实可收也，种麦于此则麦之实可收也。如未尝种而望其收，虽黄稗且不可得，况禾麦乎？是所谓"诚者物之终始，不诚无物也"。《程氏经说》卷八《中庸解》

而朱氏则以为诚不单作实理解，亦当作诚悫解。他说：

诚，实理也，亦诚悫也。由汉以来专以诚悫言诚，至程氏乃以实理言。后子皆弃诚悫之说。不观《中庸》亦有言实理为诚处，亦有言诚悫为诚处，不可只以实理为诚而以诚悫为非诚也。《朱子全书》卷四十八

这是朱氏对于诚字的解释反对程氏的又一点。此外程朱两人对于各种名词见解不同的地方还有几处，但是单就我们所述的一部分看来，他们两人哲学上见解的各异已经有相当的证据，所以我们不再列举下去了。

第四节　义利公私善恶经权的分别

义利等的见解 程氏的理论既然以一元为立脚点，主张天人无二

物我一理,因此他对于义利公私善恶经权等等相对的名词亦别具一种特殊的见解,和道家善恶相对的伦理观念几乎全不相同。他这种特殊的见解后来便流而为浙东史学家的"功利之学"。著者所以要推出程氏去做浙东史学的开山,后来朱氏一派所以竭力排斥浙东的史学原因就都是在此。

义为利之和　程氏以为所谓义和利并没有绝对的分别,实在是同一样东西。他说:

> 子罕言利,非使人去利而就害也。盖人不当以利为心。《易》曰:"利者义之和。"以义而致利斯可矣。《二程外书》卷六

此地程氏明明把利当做"义之和",而且说孔子未尝"使人去利而就害"。他答赵景平问:"'子罕言利与命与仁',所谓利者,何利?"说:

> 不独财利之利,凡有利心皆不可。如作一事须寻自家稳便处皆利心也。圣人以义为利,义安处便为利。《二程遗书》卷十六

此地程氏明明说"义安处便为利"。他又说:

> 所谓利者一而已。财利之利与利害之利实无二义。以其可利故谓之利。圣人于利不能全不较论,但不至妨义耳。乃若唯利是辨,则忘义矣,故罕言。《二程外书》卷七

此地他又明说"圣人于利不能全不较论"。又有人问程氏:"利与以利为本之利同否?"他说:

> 凡字只有一个,用有不同。只看如何用。凡顺理无害处便是利。君子未尝不欲利。然孟子言"何必曰利"者盖只以利为心则有害。如"上下交征利而国危"便是有害。"未有仁而遗其亲,未有义而后其君。"不遗其亲不后其君便是利。仁义未尝不利。《二程遗

书》卷十九

程氏此地不但明说"凡顺理无害处便是利",和"君子未尝不欲利",而且竟说"仁义未尝不利"。

天下只是一个利 程氏既然主张利是义之和,义安处便是利,凡顺理无害处便是利;而且亦主张圣人未尝叫人去利而就害,圣人于利不能全不较论,君子未尝不欲利,仁义未尝不利;所以他竟大胆的放出下面这一段议论:

> "故"者以利为本,"故"是本如此也。才不利便害性。利只是顺。天下只是一个利。《孟子》与《周易》所言一般。只为后人趋着利,便有弊,故孟子拔本塞源不肯言利。其不信孟子者却道不合非利,李觏是也。其信者又直道不得近利。人无利只是生不得。安得无利?且譬如椅子,人坐此便安,是利也。如求安不已,又要褥子以求温暖。无所不为然后夺之于君,夺之于父,此其趋利之弊也。利只是一个利,只为人用得别。《二程遗书》卷十八

程氏此地竟明目张胆的说天下只是一个利;人无利只是生不得,安得无利;利只是一个利,只为人用得别。他这种大胆的论调后来流到浙江以后就发展而产出陈亮的"功到成处便是有德,事到济处便是有理"陈傅良《止斋文集》卷三十六《与陈同甫》那种惊人的说法,大受朱氏的攻击。实际上浙东史学派中人的见解大部分都是渊源于程氏。关于这一点不是一两句话就可以了事,所以我们留在结论中去讨论他。

义利无别 程氏既然始终主张天下只是一个利,所以他不肯承认义和利是两件相对待的东西。他说:

> 义利云者公与私之异也。较计之心一萌斯为利矣。《二程粹言》卷一

他又说：

> 孟子辨舜跖之分只在义利之间。言间者谓相去不甚远，所争毫末尔。义与利只是个公与私也。才出义便以利言也。只那计较便是为有利害，若无利害何用计较？利害者天下之常情也。人皆知趋利而避害，圣人则更不论利害。唯看义当为与不当为，便是命在其中也。《二程遗书》卷十七

程氏的意思就是说义和利的本身原来并没有什么绝对的区别。这两个字的区别完全从我们存心的公和私发生出来。倘使我们的存心为公，那末我们一切的举动就都是义亦就都是利。这个时候的义和利完全是一个东西，而且据程氏的意思可以用一个利字去概括他们。义和利所以发生区别的缘故，就是因为我们的存心是在于私。圣人的存心既然是大公无私，所以他虽然亦较论利害，但是仍旧不失其为圣人。照上面所述的看来，程氏对于义利两个字始终要用他那一元论的见解去解释他们，把他们看做一个同样的东西。

公同私异 我们在此地可以联带讨论程氏对于公私的观念。程氏说：

> 公则同，私则异。同者天心。《二程粹言》卷二

他又说：

> 公则一，私则万殊。至当归一，精义无二。人心不同如面，只是私心。《二程遗书》卷十五

他的意思以为公则同，私则异。同的是天心，异的是人心。就理而论，我们的存心应该公而不私，同而不异，这是因为"至当归一，精义无二"的缘故。这种说法和现代科学上所谓客观主观的意义大致相同，又是程氏从一元论上出发的一种特殊的见解。

无私无我　程氏既然主张以存心的公私来做辨别义利的标准,而且主张公的是天心,私的是人心,所以他要我们做一个无私无我的圣人。他说:

> 圣人无私无我,故功高天下,而无一介累其心。盖有一介存焉,未免乎私己也。《二程粹言》卷二

他又说:

> 人才有意于为公,便是私心。《二程遗书》卷十八

他这种无私无我的主张就是现代学术上所谓科学的客观的态度。所以我国南宋以来以程、朱、陆三家的态度恐怕要推程氏为最近于现代所谓科学家。

天地无心别善恶　程氏不但对于义利和公私抱有特殊的一元的见解,就是对于善恶的问题亦曾提出同样惊人的解答。他说:

> 圣人即天地也。天地中何物不有? 天地岂尝有心拣别善恶? 一切涵容覆载,但处之有道尔。若善者亲之,不善者远之,则物不与者多矣。安得为天地?《二程遗书》卷二上

他此地不但不主张有什么善恶的区别。而且几乎要想把这种区别根本上打消了,所以说"天地岂尝有心拣别善恶"。他这种阔大的规模,当然和一班伦理学家斤斤于善恶之分是非之辨,大不相同。

小人本不小　程氏既然胸中抱有"天地无心拣别善恶"的见解,所以他对于一般伦理学家所最通用的相对的名词——君子和小人——亦把他完全推翻了。他说:

> 小人小丈夫不合小了,他本是不恶。《二程遗书》卷二

他这种"与人为善"的态度何等的恢廓! 我们到此不能不感觉到朱氏一

派伦理的规模实在有点迫窄,浙东史学派中人的起来反抗——尤其是永康的陈亮——实在不能说他们没有相当的理由。程氏又说:

> 阴为小人,利为不善,不可一概论。夫阴助阳以成物者君子也,其害阳者小人也。夫利和义者善也,其害义者不善也。《二程遗书》卷十九

他又说:

> 阴之道非必小人也,其害阳则小人也。其助阳成物则君子也。利非不善也,其害义则不善也。其和义则非不善也。《二程粹言》卷一

程氏的意思无非想把普通伦理家的种种相对的观念根本推翻,所以说阴非必小人,利非必不善。这亦可以证明程氏一元哲学的理论非常彻底。

权非拂经　程氏对于经权两个字的意义亦抱有同样的观念。他说:

> 世之学者未尝知权之义。于理所不可则曰姑从权,是以权为变诈之术而已矣。夫临事之际称轻重而处之以合于义,是之谓权。岂拂经之道哉?《二程粹言》卷一

他此地明说"权岂拂经之道哉",可见经和权并不是两个相对的名词,实在是同一个东西的两面。

总论　总而言之,程氏对于义利两个字的见解以为利是义之和,天下只是一个利。他对于公私两个字的见解以为"至当归一,精义无二",圣人无私无我,所以功高天下。他对于善恶两个字的见解以为天地无心拣别善恶,而且阴阳和善恶亦并没有联带的和相对的关系。他对于经权两个字的见解亦以为经和权并不是两相对的东西。程氏所抱的见

解处处都足以表出他那一元的论调来推翻一般二元论的伦理学,这和道家的"相对论"当然是完全不同。现在让我们再看朱氏对于这种种名词的见解怎样和程氏相反。

辨义利 朱氏对于义利、善恶等等名词的见解和程氏的完全不同。有人问:"应事接物,别义利,如何得不错?"朱氏回答说:

> 先做切己工夫,喻之以物,且须先做本子。本子既成,便只就这本子上理会。不然,只是悬空说《易》。《朱子全书》卷三

他此地主张别义利须先做本子,否则就只是悬空说《易》。这和他那唯心的态度固然是完全一贯。但是倘使我们要把程朱当作一家,那末程氏就决没有这种先本后末的见解。关于这一点我们在前面已经详细讨论过了,此地可以不再去多说。这是朱氏对于义利的见解和程氏不同的第一点。

心安处不就是义 朱氏又说:

> 须于日用间令所谓义了然明白。或言心安处便是义。亦有人安其所不当安。岂可以安为义也?《朱子全书》卷四

他此地一方面主张要在日用间明白所谓义的意思,这已经和程氏道无先后理无本末的主张不同;而且一方面又说明心安处不就是义,这岂不是暗中在那里指谪程氏义安处便是利那句话么?

孟子说利不如董生 朱氏又说:

> 孟子说:"未有仁而遗其亲,未有义而后其君。"便是仁义未尝不利。然董生却说:"正其谊不谋其利,明其道不计其功。"又是仁义未必皆利。则是不免去彼而取此。盖孟子之言虽是理之自然,然到直截剖判处却不若董生之有力也。《朱子全书》卷四

他此地虽然承认孟子仁义未尝不利的话为理之自然,但是说不如董仲

舒仁义未必皆利的话来得有力，所以他主张去孟子而取董生。其实孟子的话是圆浑的话，合于一元的见解，所以为程氏所取而为朱氏所去，董氏的话是两两相对直截分明合于二元的见解，而且我们又明明知道董氏是一个道家，所以朱氏赏识他以为胜于孟子。这是朱氏对于义利的见解和程氏不同的第二点。

君子小人　朱氏对于义利既然分得极清，所以他对于君子小人亦分得极明。他说：

> 世间喻于义者则为君子，喻于利者即是小人。而近年一种议论乃欲周旋于二者之间，回互委曲，费尽心机。卒既不得为君子，而其为小人亦不索性，亦可谓误用其心矣。《朱子全书》卷四

他此地虽然是在骂当时一班浙东史学派中人，但是同时亦就骂到了程氏。因为程氏所说的"小人本不恶"和"阴不必为小人"等的说法，我们用朱氏的二元论眼光来看实在有点"周旋于二者之间，回互委曲，费尽心机"，无怪朱氏要认为君子小人两不彻底了。这是朱氏对于君子小人的见解和程氏不同的第三点。

善恶　至于善恶的问题曾有人问朱氏："有阴阳便有善恶？"他回答说：

> 阴阳五行皆善。阴阳之理皆善。合下只有善，恶是后一截事，竖起看皆善，横看后一截方有恶。有善恶，理却皆善。《朱子全书》卷五十二

朱氏此地对于善恶的分别说得极细：有所谓前一截，有所谓后一截，有所谓竖看，有所谓横看，有所谓皆善，有所谓有善有恶。这和程氏那种圆浑的说法完全不同。这是朱氏对于善恶的见解和程氏不同的第四点。

是非　此外朱氏对于是非一层看得极重要,分得极清楚。这一点亦可以看出朱氏始终不肯失掉他那二元的本色,但是和程氏却背道而驰了。朱氏说:

> 人为学须要知个是处。千定万定知得这个彻底是,那个彻底不是,方是见得彻。见得是,则这心里方有所主。《朱子全书》卷三

这是说我们对于是非要有彻底的了解,心里方有所主。他又说:

> 凡一事便有两端:是底即天理之公,非底乃人欲之私。须事事与剖判极处,即克治扩充工夫,随事著见。《朱子全书》卷四

这是说是是天理,非是人欲,我们要把他们分得极清。他又说:

> 大抵事只有一个是非。是非既定,却拣一个是处行将去。《朱子全书》卷三

这是说是非既定再拣一个是处行将去。

朱说的估价　此地朱氏的意思以为凡事总有个是非,是是天理,非是人欲,我们要分别清楚,再拣一个是处做去。他这种理论在二元的伦理学家眼中看来固然是平正通达;但在一元哲学家看来就不免要感到他太没有科学的根据了,而且和程氏的见解亦正相反对。程氏说:

> 闲邪,则诚已存,非取诚于外纳诸中而存之也。故役役然于不善之中求善而为之,必无入善之理。《二程粹言》卷一

我们倘使赞同程氏的说法,那末朱氏所说的我们要分别事的是非和我们要拣一个是处行将去的种种工夫,都是程氏所说的“役役然于不善中求善而为之必无入善之理”了。这是朱氏对于是非的见解和程氏不同的第五点。

总论　总而言之,程氏对于义利、公私、善恶、是非等等名词的见

解，完全是一元的说法，一定要把他们糅成一个东西。看不清这一点的
人往往误以程氏一派的浙东史学为"义利双行，王霸并用"，这就是一个
最大的原因。而程氏的学说趋到极端的时候，就会产出浙东史学大家
陈亮所主张的"功到成处便是有德，事到济处便是有理"那种惊人的而
且亦是危险的话。这和现代极端唯物论者那种求达目的不择手段的中
心思想几乎完全相同。至于朱氏的二元伦理学对于天下事物一定先要
辨明是非才去着手工作，这种态度虽然缺乏科学的根据却稳当多了，缓
和多了。朱氏的学说所以能够独霸我国学术界，我国的统治阶级所以
特尊朱氏，原因恐怕就都在此罢！

第五节　生死鬼神命数等问题

程朱两氏的态度　我国纯正的儒家对于生死鬼神命数等问题向来
抱一种不信或者不理的态度。这是因为孔子曾有"未能事人，焉能事
鬼"、"未知生，焉知死"、"子罕言命"和"子不语怪力乱神"等等的主张，
所以不信和不理的态度可以说是儒家最纯正的态度。但是我国的原始
宗教中最初就包有生死、鬼神、命数等等迷信的成分，自从战国末年以
后逐渐被一班方士所吸收成为道家信仰的一部分。我国现代的社会中
所以还有这种迷信的存在而且非常普遍的缘故，就是一方面因为他们
的历史已经很是悠久，一方面因为有纯粹的道士和一班"儒化"的道家
竭力去鼓吹他们。程氏是一个正宗的儒家，所以他对于这种种问题当
然抱不信不理的态度；朱氏是一个"儒化"的道士，所以他于这种种问题
当然要相信要理会了。这亦是程朱两人不属一家的一个证据。

死生人鬼二而一　现在我们先来叙述程朱两人对于生死鬼神问题
的态度。程氏说：

> 昼夜者死生之道也。知生之道则知死矣,尽人之道则能事鬼
> 矣。死生人鬼一而二、二而一者也。《二程粹言》卷一

他此地仍旧用他那一元论的法宝来破除死生、人鬼的界限和迷信。这
是程氏对于死生鬼神问题所抱的一个根本的态度。

程氏的无鬼论 程氏既然在根本上主张死生人鬼一而二、二而一,
所以他对于鬼物神怪等等的东西都绝对的不肯相信。生在北宋末年道
家空气极其弥漫的社会中,程氏竟能够坚持这种科学的态度,这不能不
引起我们现代人的惊服。程氏说:

> 古之言鬼神不过著于祭祀。亦只是言如闻叹息之声,亦不曾
> 道闻如何言语,亦不曾道见如何形状。如汉武帝之见李夫人只为
> 道士先说与在甚处,使端目其地,故想出也。然武帝作诗,亦曰:
> "是耶? 非耶?"尝问好谈鬼神者皆所未曾闻见,皆是见说。烛理不
> 明便传以为信也。假使实所闻见,亦未足信。或是心病,或是目
> 病。如孔子言:"人之所信者目,目亦有不足信者耶?"此言极善。
> 《二程遗书》卷二下

程氏此地说凡古来说鬼神的人只是耳闻,不是目见;即使目见亦不足
信,因为我们或者有心病和目病的缘故。他这种态度完全是实验的和
唯理的态度。我们所以独称程氏为宋末学者中最近科学家的一个人,
这亦是一个理由。他又说:

> 师巫在此,降言在彼,只是抛得远,决无此理。又言留下药,尤
> 知其不然。生气尽则死,死则谓之鬼可也。但不知世俗所谓鬼神
> 何也? 聪明如邵尧夫犹不免致疑在此,尝言:"有人家若虚空中闻
> 人马之声。"某谓:"既是人马,须有鞍辔之类皆全,这个是何处得
> 来?"尧夫言:"天地之间亦有一般不有不无底物。"某谓:"如此说,

　　则须有不有不无底人马！"凡百皆尔,深不然也。《二程遗书》卷二下

程氏此地所抱的科学态度真是非常的显著,所以他的无鬼论亦就非常的强硬。总之程氏以为凡言鬼物的人:

　　　　若是人传,必不足信。若是亲见,容是眼病。《二程外书》卷十二

这是程氏无鬼论的第一点。

　　程氏以为凡信鬼神都是因为不明理的缘故。他说:

　　　　今日杂信鬼怪异说者只是不先烛理。若于事上一一理会,则有甚尽期？须只于学上理会。《二程遗书》卷二下

有人问:"人多惑于鬼神怪异之说何也？"他说:

　　　　不明理故也。求之于理,事则奚尽。求之于理则无蔽。故君子穷理而已。《二程粹言》卷二

又有人问:"如何可以晓悟其理？"他说:

　　　　理会得精气为物,游魂为变,与原始要终之说,便能知也。须是于原字上用工夫。……既是变,则存者亡,坚者腐,更无物也。
　　《二程遗书》卷十八

此地上半段是一元论,下半段是唯物论,都足以说明他那无鬼论的主张。这是程氏无鬼论的第二点。

　　程氏的物理论　总而言之,程氏是一个唯理论者亦是一个唯物论者,所以他说:

　　　　心所感通者只是理也。知天下事有即有,无即无,无古今前后。至如梦寐皆无形,只是有此理。若言涉于形声之类,则是气也。物生则气聚,死则散而归尽。有声则须是口,既触则须是身。其质既坏,又安得有此？乃知无此理便不可信。《二程遗书》卷二下

他此地以马无形的东西,只要合理,当然可信;若说到有形有声的东西,那就不能不根据物理来说话,先要问有没有口和身? 但是凡物死了则气散,其质既坏,又哪来口和身? 所以他断定就物理上讲,世间决不能有鬼物这类东西。就此看来,程氏的无鬼论完全是一种极合现代所谓科学的论调。

无妖无仙论 程氏对于妖怪和神仙亦抱不信的态度。所以有人问:"莫是人自兴妖?"他说:

> 只妖亦无,皆人心兴之也。世人只因祈祷而有雨,遂指为灵验耳。岂知适然? 某常至泗州,恰值大圣见。及问人曰:"如何形状?"一人曰:"如此",一人曰:"如彼。"只此可验其妄。兴妖之人皆若此也。《二程遗书》卷二十二上

又有人问:"神仙之说有诸?"他说:

> 不知如何? 若说白日飞升之类则无。若言居山林间保形炼气以延年益寿则有之。譬如一炉火,置之风中则易过,置之密室则难过。有此理也。《二程遗书》卷十八

就此可见程氏对于怪物和神仙等都绝对抱一种唯物的实验的态度加以否认。

卜筮为理的反应 至于卜筮和祭祀,程氏亦以为只是一种理的反应。他说:

> 卜筮之能应,祭祀之能享,亦只是一个理。著龟虽无情,然所以为卦,而卦有吉凶,莫非有此理。以其有是理也,故以是问焉,其应也如响。若以私心及错卦象而问之,便不应。盖没此理。今日之理与前日已定之理只是一个理,故应也。至如祭祀之享亦同。鬼神之理在彼,我以此理向之,故享也。不容有二三,只是一理也。

> 如处药治病亦只是一个理。此药治个如何气。如此病服之即应。
> 若理不契，则药不应。《二程遗书》卷二下

程氏此地把卜筮和祭祀都完全看做理的反应，所以能应能享。这和他那无鬼的主张并没有冲突。

朱氏信鬼论　至于朱氏对于生死、鬼神等等问题的态度，就和程氏大不相同了。朱氏说：

> 鬼神死生之理，定不如释家所云世俗所见。然又有其事昭昭不可以理推者。此等处且莫要理会。《朱子全书》卷五十一

他此地显然抱一种将信将疑的态度，而将信的成分较多。他又说：

> 以二气言：则鬼者阴之灵也，神者阳之灵也。以一气言：则至而伸者为神，反而归者为鬼。一气即阴阳运行之气，至则皆至，去则皆去之谓也。二气谓阴阳对峙各有所属。如气之呼吸者为魂，魂即神也而属乎阳；耳目鼻口之类为魄，魄即鬼也而属乎阴。
> 《朱子全书》卷五十一

朱氏此地又露出他那道士的真面目，要用阴阳的道理来说鬼神和魂魄；而且他亦不肯离开二元论的立脚点，要把鬼神和魂魄双双的对举起来。他甚而至于还说："魂属水，魄属金，所以说三魂七魄是金木之数也。"《朱子全书》卷五十一这都是我国道士们的无稽之谈，而朱氏独加以深信，加以发挥。著者所以胆敢认定朱氏为一个"儒化"的道士，这亦可说是一个相当的理由。朱氏又说：

> 才见说鬼神便以为怪。世间自有个道理如此，不可谓无。特非造化之正耳。此为得阴阳不正之气，不须惊惑。所以夫子不语怪，以其明有此事，特不语耳。南轩说无，便不是。《朱子全书》卷五十一

他此地竟断定有鬼了,而且以张栻主张无鬼为不是。这和程氏的无鬼论可以说是完全相反。

朱氏妖怪说 程氏本不相信有所谓妖的,而朱氏独深信不疑。所以有人告诉他说:

> 乡间有李三者死而为厉。乡曲凡有祭祀佛事必设此人一分。或设黄箓大醮,不曾设他一分,斋食尽为所污。后因人放爆杖焚其所依之树。自是遂绝。

朱氏听完了竟说出下面这种幼稚的话。他说:

> 是他枉死气未散,被爆杖惊散了。《朱子全书》卷五十一

又有人问朱氏:"人死为禽兽,恐无此理。然亲见永春人家有子,耳上有猪毛及猪皮。如何?"朱氏竟说:

> 此不足怪。向见籍溪供事一兵,胸前有猪毛,睡时作猪鸣。此只是禀得猪气。《朱子全书》卷五十一

这种话竟出于南宋理学大家的口中,除非我们承认他是一个纯粹的道士,实在有点令人难以原谅他呵。

朱氏有仙说 朱氏对于神仙的主张亦和程氏完全不同。有人问:"神仙之说有之乎?"朱氏回答说:

> 谁人说无? 诚有此理。只是他那工夫大段难做。除非百事弃下办得那般工夫,方做得。《朱子全书》卷四十三

朱氏原来是一个道士,所以他主张有神仙,这一点我们可以原谅他。但是当他说"谁人说无"这句话时,他好像完全没有读过程氏的《遗书》一样,这究竟是因为他故意违背"师说"呢? 还是因为他和程氏原来是派别不同呢? 那只好请读者自己去下断语了。

祭祀为气的关系　至于祭祀的问题，程氏看做理的反应，而朱氏独看做气的关系。所以有人问："子孙祭祀却有感格者如何？"他说：

> 毕竟子孙是祖先的气。他气虽散，他根却在这里。尽其诚敬则亦能呼召得他气聚在此。《朱子全书》卷五十一

朱氏用这种极幼稚的遗传论来解释祭祀的感格，实在有点令人失望。

总论　总而言之，程氏对于生死、鬼神等等问题一概用一元的唯理的和唯物的论调来打破一切世俗的迷信，朱氏则用二元的道士的眼光来维持而且发挥一切世俗的迷信。这亦是程朱两人思想派别根本不同的一个证明。此外程氏不信地理不信墓师等等和朱氏不同的地方，我们此地不必再去细述了。

程朱两人对于生死、鬼神等等问题所抱的态度不同，我们在上面已经叙述过了。现在让我们再看他们两人对于命和数究竟各抱一种什么的意见。

程氏不言命　程氏虽然没有绝对主张无命，但是他以为贤者只知义而不言命。所以他说：

> 贤者惟知义而已命在其中。中人以下乃以命处义。如言"求之有道，得之有命"，是求无益于得。知命之不可求，故自处以不求。若贤者则求之以道，得之以义，不必言命。《二程遗书》卷二上

他又说：

> 君子有义有命，求则得之，舍则失之，是求有益于得也，求在我者也，此言义也。求之有道，得之有命，是求无益于得也，求在外者也，此言命也。至于圣人则惟有义而无命。"行一不义杀一不辜而得天下，不为也。"此言义不言命也。《二程外书》卷三

程氏此地以为中人以下固可以命处义，至于圣人则惟有义而无命。他

这种非命的态度比较孔子的"罕言"还要坚决还要彻底,这不能不说是程氏学说的特色。

朱氏的命谈 至于朱氏对于命就要大谈特谈不肯"罕言"了。所以有人问:"富贵有命。如后鄙夫小人当尧舜三代之世如何得富贵?"他回答说:

> 当尧舜三代之世不得富贵,在后世则得富贵,便是命。

那人又问:"如此则气禀不一定?"他回答说:

> 以此气遇此时是他命好。不遇此时便是有所谓资适逢世是也。如长平死者四十万,但遇白起便如此。只他相撞著便是命。《朱子全书》卷四十三

朱氏不但大谈命理,而且极信普通那种批命的技术。我们会下面这段《赠徐端叔命序》中的文字就可以明白了。他说:

> 世人以人生年月日时所值支干纳音推知其人吉凶寿夭穷达者,其术虽若浅近,然学之者亦往往不能造其精微。盖天地所以生物之机,不越乎阴阳五行而已。其屈伸消息错综变化固已不可胜穷,而物之所赋贤愚贵贱之不同,特昏明厚薄毫厘之差耳,而可易知其说哉?徐君尝为儒,则尝知是说矣。其用意之密微而言之之多中也,固宜。《朱子全书》卷四十三

朱氏此地表示深信"批命"的道理非常精微,以为批命的原理就是阴阳五行,而且以为徐君是儒家,所以他深知此理。其实阴阳五行完全是道家的学说,不是儒家的主张。朱氏以为儒家应该明白这个道理,这句话是不合事实的。这一点亦可以拿来做一个朱氏是"儒化"的道家的证据。

程氏不言数 现在再看程朱两人对于数的见解怎样不同。程

氏说：

> 儒者只合言人事，不合言有数。《二程外书》卷五

他这句话已经把我国儒家的正宗态度完全表示出来了。他又说：

> 颐与尧夫同里巷居三十余年，世间事无所不论，惟未尝一字及
> 数耳。《二程遗书》附录

邵雍是当时一位数学大家，程氏和他同里了三十多年竟未尝一字及数，正宗儒家的壁垒竟有这样的森严。著者所以要推程氏为南宋以后儒家正宗一派的领袖，这亦是一个原因。

程氏既然根本不承认有数，所以他对于邵雍更有下面这一段批评。他说：

> 尧夫之学先从理上推意言象数。言天下之理须出于四者，推
> 到理处，曰："我得此大者，则万事由我，无有不定。"然未必有术。
> 要之亦难以治天下国家。《二程遗书》卷二上

他此地竟把邵氏的以四起数说根本的否认了。

朱氏信数　朱氏的态度就不同了，他不但深信数，而且极崇拜邵氏。所以有人问"康节数学"，朱氏回答说：

> 且未须理会数，自是有此理。有生便有死，有盛便有衰。且如
> 一朵花，含蕊时是将开，略放时是正盛，烂漫时是衰谢。又如看人，
> 即其气之盛衰便可以知其生死。盖其学本于明理。《朱子全书》卷五
> 十三

朱氏此地以为数自有此理，因为是本于明理的缘故。他对于邵氏尤为崇拜，所以他说：

> 他玩得此理熟了，事物到面前，便见，便不待思量。《朱子全书》

卷五十三

至于邵氏的以四起数说，朱氏更是极口称赏。他说：

> 康节以四起数，叠叠推去，自《易》以后无人做得一物如此整齐包括得尽。《朱子全书》卷五十三

朱氏原来是一个道士，所以他的深信数理亦是当然的事情，我们不必惊怪。

总论 总而言之，程氏对于命和数始终保持他那儒家正宗的态度不肯相信，朱氏则始终要维持他那道士的主张，深信命数的道理。著者所以要把程朱分为两家，这亦是一个小小的理由。

陈亮的批评 至于程朱两人对于这种种迷信的见解各有一种什么价值，这个问题不在本文范围之内，本可不去讨论。不过当时的陈亮曾经以浙东史学家的态度说过下面这几句很有趣味的话：

> 往时广汉张敬夫、东莱吕伯恭于天下之义理自谓极其精微，而世亦以是推之，虽前一辈亦心知其莫能先也。余犹及见二人者，听其讲论亦稍详其精深纤余，若于物情无所不致其尽。而世所谓阴阳、卜筮、书画、伎术及凡世间可动心娱目之事，皆斥去弗顾，若将浼我者。

> 晚得从新安朱元晦游，见其于阴阳、卜筮、书画、伎术，凡世所有而未易去者，皆存而信之。乃与张、吕异。岂悦物而不留于物者固若此乎？《龙川集》卷十六《跋朱晦庵送写照郭秀才序后》

全祖望读了这篇文章亦以浙东史学家的态度大加赞赏，他说：

> 同甫讥朱子多不中肯，独此篇则朱子难以自解。《宋元学案》卷四十九《晦翁学案》

第四章 方 法 论

第一节 主敬集义是一是二的问题

主敬集义问题 程氏教人为学有两句不朽的格言。这就是：

> 涵养须用敬，进学则在致知。《二程遗书》卷十八

这两句话就是刘宗周所说的"程门口诀"《宋元学案》卷十五《伊川学案》。
我们要了解程氏的学说，和程朱两人学说的不同，对于这个口诀的意义
不能不加以讨论。我们在本节中先讨论上一句话。

什么叫做敬？程氏说：

> 主一之谓敬。《二程粹言》卷一

什么叫做一？程氏说：

> 无适之谓一。同上

主敬就是集义 程氏对于主敬的工夫另有一种特见，这就是要集
义。只是敬而不集义便要变为清静无为的道佛。所以程氏的所谓敬就
是集义，并不是空虚的修养。他说：

> 敬只是涵养一事。必有事焉须当集义。只知用敬，不知集义，

却是都无事也。《二程全书》卷十八

他又说：

> 敬以涵养也，集义然后为有事也。知敬而不知集义，不几于兀
> 然无所为者乎？《二程粹言》卷一

集义的意义　我们现在先把程氏所谓"集义"的意思稍稍加以说明。程氏可以说是北宋末年唯一的"唯物哲学家"，所以他始终主张格物为为学之本，格物然后可以至于圣人。他说：

> 学莫本于知本末终始。致知格物所谓本也始也，治天下国家
> 所谓末也终也。《二程粹言》卷一

他又说：

> 自格物而充之，然后可以至于圣人。不知格物而欲意诚心正
> 而后身修者，未有能中于理者也。《二程粹言》卷一

可见程氏把格物这一段工夫比诚意、正心、修身还要看得重要。这亦是一种惊人的论调。

格物的意义　程氏以为格物就是穷理。所以他说：

> 格物者：格至也，物者凡遇事皆物也，欲以穷至物理也。《二程
> 外书》卷四

所谓穷理就是穷其所以然。所以他说：

> 穷物理者穷其所以然也。天之高，地之厚，鬼神之幽显，必有
> 所以然者。苟曰天惟高耳，地惟厚耳，鬼神惟幽显耳，是则辞而已，
> 尚何有哉？《二程粹言》卷二

程氏这种求事物之所以然的精神完全是现代科学家的精神。生在宋代

的中国而能够发出这种议论，实在可以叫人家惊服。怎样去穷理呢？程氏说：

> 穷理亦多端：或读书讲明义理，或论古今人物别其是非，或应接事物而处其当，皆穷理也。《二程遗书》卷十八

他又说：

> 须是今日格一件，明日又格一件，积习既多，然后脱然自有贯通处。《二程遗书》卷十八

我以为上面所引的恐怕就是程氏所谓"集义"两个字的本意。

主敬必须集义　他更申明我们倘使只做敬的工夫，我们的气决不能因此就能够充塞天地。我们一定要集义才能生浩然气象。所以有人问他："敬以直内，气便能充塞天地否？"他回答说：

> 气须是养。集义所生，积集既久，方能生浩然气象。人但看所养如何？养得一分便有一分，养得二分便有二分。只得敬，安能便到充塞天地处？《二程遗书》卷十八

我们就此可以见到程氏所谓敬就是要集义。敬而不去做集义的工夫，就要兀然无物，流入道佛两家消极的窠臼，失去儒家积极的面目。

敬不是静　程氏一方面积极的说明敬就是要集义，一方面更消极的说明敬决不是静。我们一旦以静为敬，就要蹈入道佛的涂辙。所以他说：

> 敬则虚静，而虚静非敬也。《二程粹言》卷一

有人问他："敬犹静与？"他回答说：

> 言静则老氏之学也。《二程粹言》卷一

又有人问他："敬莫是静否？"他回答说：

才说静便入于释氏之说也。不用静字，只用敬字。才说著静字，便是忘也。《二程遗书》卷十八

敬的说明 程氏对于敬的工夫曾经有过一个很详细的说明。他说：

学者先务固在心志。有谓欲屏去闻见知思，则是绝圣弃智。有欲屏去思虑患其纷乱，则是须坐禅入定。如明鉴在此，万物毕照，是鉴之常，难为使之不照。人心不能不交感万物，亦难为使之不思虑。

若欲免此，唯是心有主。如何为主？敬而已矣。有主则虚，虚谓邪不能入。无主则实，实谓物来夺之。今夫瓶罂有水实内，则虽江海之浸无所能入，安得不虚？无水于内，则停注之水不可胜注，安得不实？

大凡人心不可二用。用于一事则他事更不能入者事为之主也。事为之主尚无思虑纷扰之患。若主于敬，又焉有此患乎？

所谓敬者主一之谓敬，所谓一者无适之谓一。且欲涵泳主一之义，一则无二三矣。言敬无如圣人之言《易》，所谓"敬以直内，义以方外"。须是直内乃是主一之义。至于不敢欺，不敢慢，尚不愧于屋漏，皆是敬之事也。但有此涵养，久之自然天理明。《二程遗书》卷十五

总论 总而言之，程氏的意思以为敬就是集义。所谓集义就是"随事观理"，亦就是我们现代所谓"归纳法"。只是敬而不去集义，就要兀然无事，流为释道。所以他再三的说明敬并不是静。此外程氏并亦始终抱一种儒家的正宗态度认孟子"养心莫善于寡欲"那句话为不妥当，他说：

此一句浅近，不如"理义之悦我心，犹刍豢之悦我口"，最亲切

有滋味。《二程外书》卷十二《上蔡语录》

他这种务实的见解真是非常的彻底呵。

敬义不能骈合　朱氏对于主敬和集义的见解就和程氏大不相同了。他以为主敬是主敬，集义是集义，完全是两段工夫。这两段工夫固然不可偏废，但是也不能骈合。而他的结论始终归束到先敬而后义。因此朱氏对于主敬和集义两个名词另有一种不同的解释。

敬的意义　我们现在先看朱氏对于敬字做什么解。他说：

> 为学自有大要，所以程子推出一个敬字，与学者说，要且将个敬字收敛个身心，放在模匣子里面，不走作了，然后逐事逐物看道理。《朱子全书》卷二

他又说：

> 伊川只说个敬字，教人只就这敬字上捱去，庶几执捉得定，有个下手处。纵不得亦不至失。要之皆只要人于此心上见得分明，自然有得尔。然今之言敬者乃皆装点外事，不知直截于心上求功，遂觉累坠不快活。不若于眼下求放心处有功，则尤省力也。《朱子全书》卷二

此处骤然看去，好像朱氏正在发挥程氏的主张。但是程氏的主敬并没有教人先把身心放在模匣子里然后再去看事物的道理。程氏的意思以为我们只要能够专心致志的去穷事事物物的道理这就是敬的工夫。换句话说：集义就是敬，并不是先有敬而后集义。朱氏曲解程氏学说的地方往往如此，我们所以往往误认朱氏为能发挥程学原因亦就是在此。

敬以静为主　朱氏又说：

> 文字讲说得行而意味未深者正要本原上加功，须是持敬。持敬以静为主。此意须要不做工夫时频频体察，久而自熟。《朱子全

朱氏上面这段和程氏主张的不同更加显著。不但程氏原来主张格物的工夫远比诚意正心修身为重要,无所谓"本原上加功";而且"持敬以静为主","要于不做工夫时频频体察"两句话,亦显然和程氏的"言静则老氏之学也","才说静便入于释氏之说也",两句话针锋相对。

集义的意义 至于集义两个字的意思程氏的本意就是格物。这一点我们在上面已经说明。而朱氏则以为集义就是辨别事物的是非。他说:

> 孟子于义利间辨得毫厘不差。见一事来便劈做两片,便分个是与不是。这便是集义处。义是一柄刀相似,才见事到面前,便与他割制了。《朱子全书》卷二十

他又说:

> 孟子所谓集义只是一个是字。孔子所谓思无邪只是一个正字。不是便非,不正便邪。圣贤教人只是求个是的道理。《朱子全书》卷五

其实程氏意中所谓集义是用两只眼和一个脑去穷事事物物的所以然,这是客观的科学的方法。而朱氏意中所谓集义是用一柄刀去劈开事事物物的是非邪正,这是主观的伦理的方法。我们在这种地方应该注意。

敬是持守义是讲学 朱氏对于主敬和集义既然当做两件完全不同的事情,所以他就说:

> 敬以直内是持守工夫,义以方外是讲学工夫。《朱子全书》卷二十八

这和程氏的意思可以说是愈讲愈远了。

程朱的异同 但是朱氏究竟是我国一个博大的学者而且亦是一个

词锋极利的文人。他一面既然主张敬义应该分家，一面又主张两者不可偏废。因此我们认程朱为一脉相传的人往往以为朱氏的理论实在能够发挥光大程氏的学说，而且好像比程氏还要来得平正而通达。实际上程氏自程氏，朱氏自朱氏，在表面上朱氏好像承继程氏，而事实上朱氏处处在那里曲解或者暗骂程氏。

敬义分家说　我们试再看朱氏敬义分家的说法怎样。他说：

> 主一之谓敬，只是心专一，不以他念乱之。每遇事与至诚专一做去，即是主一之义。但既有敬之名，则须还他敬字。既有义之名，则须还他义字。二者相济则无失，此乃理也。《朱子全书》卷二十八

这种说法固然平正通达，但是这决不是程氏的意思。他又说：

> 敬义工夫不可偏废。彼专务集义而不知主敬者固有虚骄急迫之病，而所谓义者或非其义。然专言主敬而不知就日用间念虑起处分别其公私义利之所在而决取舍之几焉，则恐亦未免于昏愦杂扰，而所谓敬者有非其敬矣。《朱子全书》卷三

他这种双管齐下两面折衷的论调骤然看去实在是非常平稳。但是我们仔细案下去，总觉得是一种伦理学家的玄谈，并不是科学哲学上的理论。至于内容上和程氏所谓敬义不同的地方那更可以不必再加说明了，因为程氏根本上就不认敬和义是两件不同的事。

朱氏抨击程氏　照上面所述的看来，程朱两人对敬义两个字的见解不同已经极其显明了。但是朱氏不但暗中曲解程氏的主张，而且还要明目张胆的抨击程氏主张的不合。他说：

> 喜怒哀乐未发谓之中。程子云："敬不可谓之中，敬而无失即所以中也。"未说到义理涵养处。《朱子全书》卷二十四

这是说程氏说敬没有说到义理涵养处。他又说：

> 或问必有事焉而勿正，二程多主于敬一说。须当集义是承上
> 文集义所生者而言。所谓必有事则积习众善之功否？曰："孟子上
> 下文无敬字，只有义字。程子是移将去敬字上说，非孟子本意也。"
> 《朱子全书》卷二十

这是明说程氏敬须集义的说法并不是孟子的本意，竟根本上把他推翻
了。朱氏又用滑稽的论调暗刺程氏说：

> 若必谓有所见然后有所主，则程子所谓未有致知而不在敬者，
> 是为敬有待于见乎？见有待于敬乎？果以徒然之敬为不足事而必
> 待其自然乎？《朱子全书》卷一

这一段文章很有以子之矛攻子之盾的意味。其实在我们看来，程氏主张
物我一理，格物可以至于圣人，当然要以徒然之敬为不是。朱氏是一个手
拿一柄刀遇物便要劈开是非为两片的人，当然要主张"见有待于敬"了。

朱氏既然用主观的态度主张"见有待于敬"，所以他对于程氏所说
的"纯于敬则己与理一，无可克者无可复者"《二程粹言》卷一这句话，一方
面暗中抵制的说：

> 持敬以补小学之阙。小学且是拘检住身心。到后来克己复礼
> 又是一段事。《朱子全书》卷九

一方面又明驳的说：

> 或问伊川云："敬则无己可克?"曰："孔门只有颜子，孔子且使
> 之克己。如何便会不克?"《朱子全书》卷四

总论　我们综看上面所述，可见朱氏始终不肯附和程氏敬义本是
一事的主张，始终要维持他自己那种二元哲学的论调，始终要把主敬和

集义分做两段工夫。同时朱氏亦始终不肯放弃他那主观的伦理的唯心论,所以他一方面要把敬和义绝对分开,一方面又主张我们应该先主敬而后集义。他说:

> 根本须先培壅涵养,持敬便是栽培。《朱子全书》卷二

他又说:

> 敬以直内最是紧切工夫。《朱子全书》卷二

他又说:　.

> 持敬致知实交相发,而敬常为主。所居既广则所向坦然无非大路。圣贤事业虽未易以一言尽,然其大概似恐不出此也。《朱子全书》卷一

总而言之,朱氏对于主敬和集义的见解可以说是和程氏的意思根本上完全相反,而且主张"必须先去敬以直内,然后能义以方外。"《朱子全书》卷二十八此外朱氏并始终要取道家正宗的态度,赞成周敦颐的无欲,反对程氏的主敬,所以他说:

> 无欲之与敬二字分明。要之持敬颇似费力,不如无欲撇脱。人只为有欲,此心便千头万绪。《朱子全书》卷五十二

我们看了这种说法,倘使还要把朱氏当做程氏学说的嫡传,那就不合事实了。

第二节　格物或养心的问题

格物或养心　我们在前面已经说过:程氏主张物皆有理,所以我

们应该格物以穷理；他又主张物和天人都是一理，所以我们只要格物就可以至于圣人。他这个态度显然就是现代所谓客观的唯物的态度。因此程氏学说中所最注重的就是格物，而他的方法就自然而然的近于归纳法。朱氏则以为此心本来虚灵，万理具备。所以我们必须常常提醒他，使他不昧，再用他去衡量事事物物的是非邪正。他这个态度显然是现代所谓主观的唯心的态度。因此朱氏学说中所最注重的就是养心，而他的方法就自然而然的近于演绎法。

我们现在先看程氏格物说的内容究竟怎样。这一个问题可以说就是"程门口诀"中"涵养须用敬，进学则在致知"两句话的下一句。上一句我们在讨论主敬和集义的问题中已经详细讨论过了，现在本节文章就专去讨论下一句。

物皆有理 程氏既然主张天人无二，物我一理，所以他对于格物这层工夫看得非常重要。这就是因为他深深相信凡物都有理。他说：

> 天下物皆可以理照。有物必有则，一物须有一理。《二程遗书》卷十八

他又说：

> 无物无理，惟格物可以尽理。《二程粹言》卷二

程氏不但用一元的眼光主张物皆有理，而且亦用一元的眼光主张物的理就是人的性。物所以不能不格，理所以不能不穷，最大的理由就在这一点上面。他说：

> 吾生所有既一于理，则理之所有皆吾性也。人受天地之中，其生也具有天地之德。柔强昏明之质虽异，其心之所同者皆然。特蔽有浅深，故别而为昏明。禀有多寡，故分而为强柔。至于理之所同然，虽圣愚有所不异。《程氏经说》卷八《中庸解》

这是说"理之所有皆吾性",并不是物理以外另有所谓人的性,这种客观的唯物论真是彻底极了! 所以有人问他:"格物是外物,是性分中物?"程氏回答说:

> 不拘。凡眼前无非是物,物皆有理。如水之所以寒,火之所以热,至于君臣父子间皆是理。《二程遗书》卷十九

他的结论就是:

> 物理最好玩。《二程遗书》卷二上

格物为本　程氏既然深信物皆有理,而且深信物理就是人性,所以他主张我们要做圣人只要去格物就够了。他说:

> 学莫大于知本末终始。致知格物所谓本也始也,治天下国家所谓末也终也。治天下国家必本诸身,其身不正而能治天下国家者无之。格犹穷也,物犹理也,若曰穷其理云尔。穷理然后足以致知,不穷则不能致也。《二程粹言》卷一

他又说:

> 格物适道之始,思所以格物而已近道矣。是何也? 以收其心而不放也。《二程粹言》卷一

这是说为学之道当以格物为本,一旦要想格物就可算近道了。我们如果能够获得万物的道理,那就可以至于圣人。所以他说:

> 随事观理而天下之理得矣。天下之理得然后可以至于圣人。君子之学将以反躬而已矣。反躬在致知,致知在格物。《二程遗书》卷二十四

程氏对于格物这一层工夫看得非常重要,我们读上面各段文章已经很够明白了。但是他还有一段惊人的话。他说:

> 《大学》于诚意正心皆言其道。至于格物则不言,独曰物格而后知至。此盖可以意得不可以言传也。自格物而充之,然后可以至于圣人。不知格物而欲意诚心正而后身修者,未有能中于理者也。《二程粹言》卷一

他此地竟把格物的工夫比诚意正心和修身的工夫还要看得重要。这种论调极足以证明程氏实在是我国思想史上一个最特出的反对唯心论的唯物哲学家。这在我国一般传统的伦理学家眼中看来真可说是非常危险。但是我们要知道我国正宗的儒家所以和道佛两家根本上的不同就在这种地方。总而言之,程氏以为:

> 凡下学人事,便是上达天理。《二程外书》卷二

这句话实在可以说是开清初一般"反宋"的学说的先声。

朱氏的养心论 至于朱氏对于这个格物和养心的问题就别有他的见解了。朱氏一方面不反对格物工夫的重要,一方面又主张格物之先应该养得心地本原才是正当的办法。我们所以误认朱氏为得程氏学说的正传,原因就是在此;我们所以误认朱氏的学说为能发挥程氏的主张,原因亦就是在此。其实并不如此。我们现在试看朱氏的意见怎样。

穷理先养心 朱氏说:

> 欲应事先须穷理,而欲穷理又须养得心地本原虚静明澈,方能察见几微,剖析烦乱。而无所差错。《朱子全书》卷二

他此地明明说我们要应事先要穷理,要穷理先要养心。这样说来,我们要做人必须经过三步工夫才得。这和程氏所主张的"下学便是上达","孝弟就可以尽性至命",以及"格物可以至于圣人"的种种说法都完全不同。他又说:

> 求其放心乃为学根本田地。既能如此向上,须更做穷理工夫,

> 方见所存之心所具之理不是两事。随感即应自然中节,方是儒者
> 事业。《朱子全书》卷三

朱氏在此地一定要我们先求放心再去穷理,这和程氏"不知格物而欲意
诚心正而后身修者未有能中于理者也"的话刚刚相反。朱氏又说:

> 性者道之形体。但谓之道则散在事物而无绪之可寻。若求之
> 于心,则其理之在是者皆有定体而不可易耳。《朱子全书》卷四十二

朱氏此地竟明明说求理于物无绪可寻,求理于心则有定体了。这是朱
氏所以必要培养心地本原的理由。

心的意义　现在让我们再看朱氏所谓"心"是一个什么东西。关于
这一点,我们在前面讨论程朱两人对于这个字的定义时,已经约略提及
过了。现在我们再仔细的去叙述朱氏对于这个"心"字所抱的特见。
他说:

> 人之一心万理具备,若能存得便是圣贤。更有何事?《朱子全
> 书》卷一

他又说:

> 人惟有一心是主,要常常唤醒。《朱子全书》卷二

这是说人心之中万理具备,所以我们应该把心当作主宰。又有人问朱
氏:"先生解'物皆然,心为甚'曰:'人心应物,其轻重长短之难齐,而不
可不度以本然之权度,又有甚于物者。'不知如何是'本然之权度也?'"
朱氏回答说:

> 本然之权度亦只是此心。此心本然,万理皆具。应物之时须
> 是子细看合如何,便是本然之权度也。《朱子全书》卷二十

又有人问:"如何是明明德?"朱氏说:

> 明德是自家心中具许多道理在这里,本是个明底物事,初无暗昧。人得之则为德。如恻隐、羞恶、辞让、是非,是从自家心里出来。触著那物便是那个物出来,何尝不明?缘为物欲所蔽,故其明易昏。如镜本明,被外物点污,则不明了。少间磨起,则其明又能照物。《朱子全书》卷七

这是说心是本然的权度,本来就能够应付事物的。心亦是一个天生的明镜,愈磨愈明。这都是朱氏对于心所抱的见解。

养心的重要 朱氏既然主张心是主宰,心是本然的权度,心是照物的明镜,所以他对于养心这一层工夫看得最为重要。他说:

> 凡学须要先明得一个心,然后方可学。譬如烧火相似,必先吹发了火然后加薪,则火明矣。若先加薪而后吹火,则火灭矣。《朱子全书》卷二

这是说养心就是好像烧火那件事情中的吹发了火。他又说:

> 涵养须用敬,进学则在致知。无事时且存养在这里,提撕警觉,不要放肆。则讲习应接时便当思量义理。《朱子全书》卷一

这是说我们无事时对于这个心要存养在这里,提撕警觉。朱氏又说:

> 学须先理会那大底。理会得大底了,将来那里面小底自然通透。今人却是理会那大底不得,只去搜寻里面小小节目。《朱子全书》卷一

这是说我们要先理会大底那里面小底自然通透。他又说:

> 今于日用间空闲时收得此心在这里截然,这便是喜、怒、哀、乐未发之中,便是浑然天理。事物之来随其是非,便是见得分晓。是底便是天理,非底便是逆天理。常常恁地收拾得这心在,便如执权

衡以度物。《朱子全书》卷二

这是说我们要常常收拾得这心在，便可度物。朱氏又说：

> 学者而今但存取这心。这心是个道之本领，这心若在，这义理
> 便在。存得这心，便有个五六分道理了。若更时时拈掇起来，便有
> 七八分道理。《朱子全书》卷二

这是说我们如果能够存得这心便有五六分道理；若果时时拈掇起来，便
可有七八分。朱氏的结论就是：

> 今学者别无事，只要以心观众理。理是心中所有，常存此心以
> 观众理。只是此两事耳。《朱子全书》卷一

我们在这几句话中可以看出朱氏对于养心的两个见解怎样了：第一就
是"理是心中所有"，第二就是"常存此心以观众理"。这和程氏主张"唯
格物可以尽理"和"天下之理得然后可以至于圣人"的说法刚刚是针锋
相对。一个是由格物方面入手去尽理，一个是由存心方面入手去观理。
这种唯物唯心的见解不同，我们在前几节中已经屡次说过，很是显著，
几乎可以不必再加什么说明了。

第三节　格物的方法问题

格物的方法　我们在前面已经说过，程氏认格物为适道之始，为学
之本，而且可以至于圣人，所以他对于格物一段工夫认为是绝对的最重
要的手段。我们在前面亦已经说过，朱氏对于格物这一层并不反对，不
过认为并不是最重要的一段工夫，因为还有养心一段工夫须得先做。
因此朱氏对于程氏格物的方法论一方面极口赞美，但是一方面又大骂

他为炊沙成饭。我们后代人对于程朱两人学说的异同所以弄得眼花缭乱,误会丛生,原因就是在此。现在让我们先看程氏对于格物工夫提出几种什么主张。

程氏的物理说 什么叫做格物?程氏说:

> 致知在格物。格至也,穷理而至于物,则物理尽。《二程遗书》卷二上

他又说:

> 格物者:格至也,物者凡遇事皆物也,欲以穷至物理也。穷至物理无他,唯思而已矣。思曰睿,睿作圣。圣人亦自思而得,况于事物乎?《二程外书》卷四

这是说所谓格物就是要穷尽一切事物的道理。什么叫做物?程氏说:

> 今人欲致知须要格物。物不必谓事物然后谓之物也。自一身之中至万物之理,但理会得多,相次,自然豁然有觉处。《二程遗书》卷十七

什么叫做理?程氏说:

> 穷物理者穷其所以然也。天之高,地之厚,鬼神之幽显,必有所以然者。苟曰天惟高耳,地惟厚耳,鬼神惟幽显耳。是则辞而已,尚何有哉。《二程粹言》卷二

程氏这种对于物和理的定义可以说是和现代科学家的见解大致相同,而他以"所以然"三个字去解释理字尤其和现代科学家的主张相合。

格物的方法一 至于格物的方法问题程氏的见解可以分做四点来讨论。第一点就是格物要积累多,第二点就是大小都要理会,第三点就是格物的进程不止一端,第四点就是格物要一件一件的格去。现在先

述第一点，程氏说：

> 人要明理若止一物上明之亦未济事。须是集众理然后脱然自有悟处。《二程遗书》卷十七

他又说：

> 所务于穷理者非道须尽穷了天下万物之理，又不道是穷得一理便到。只是要积多后，自然见去。《二程遗书》卷二上

又有人问他："学必穷理，物散万殊，何由而尽穷其理？"程氏回答说：

> 诵诗书，考古今，察物情，揆人事。反覆研究而思索之，求止于至善。尽非一端已。《二程粹言》卷一

我们总括上面三段话的意思，可以明白程氏对于格物方法上主张有几条什么进路。他的意思好像以为格物的进路共有四条：这就是诵诗书，考古今，察物情，揆人事。这四条路中的第一条所谓读书讲明义理，第四条所谓应事接物而处其当，都已经很是明白。至于第二条除论古今人物别其是非和多识前言往行两句话以外，他还有一个比较详细的说明。他说：

> 读史须见圣贤所存治乱之机，贤人君子出处进退，便是格物。
> 《二程遗书》卷十九

我们读了程氏这几句话，显然可以看出他对于史学的研究当做四条格物大道中的一条，非常重要。所以程氏的学说后来由金华和永嘉两地的学者传到浙江以后，就发挥光大成为我国学术史上唯一的而且比较光荣的浙东的史学。关于这一点我们在后面结论中再加详细的讨论。至于第三条所谓察物情这句话，程氏亦有一个说明。他说：

> 多识于鸟兽草木之名，所以明理也。《二程遗书》卷二十五

程氏在此地显然要我们研究生物学了。程氏自己虽然不是一个科学家，但是他生在道佛两家的玄学空气非常浓厚的北宋时代竟能够表出这样接近科学的态度，我们实在不能不佩服他。这是程氏方法论上的第三点。

格物的方法二　关于第四点，当时曾有人问："格物须物物格之，还只格一物而万理皆通？"程氏回答说：

> 怎生便会该通？若只格一物便通众理，虽颜子亦不敢如此道。
> 须是今日格一件，明日又格一件，积习既多然后脱然自有贯通处。
> 《二程遗书》卷十八

程氏此地不但主张所谓格物不是只格一物，而且主张要一天一天的一件一件的格去。这就是现代所谓科学方法的大纲。我们倘使了解程氏方法论的全部意思，我们就不会再闹格竹格出病来那一类笑话。这是程氏方法论上的第四点。

总论　总而言之，程氏以为所谓格物就是穷至事事物物的所以然；我们着手格物时要注意方法上的四点：就是要积累多，大小都要理会，进路不止一条，要一件一件的格去。我们觉得他这个方法论虽然非常简单，但是和现代所谓科学的方法原则上大致相同。而且自从他主张读史亦是格物的一端以后，南宋的浙东史学就此蔚成我国学术史上比较光荣的一页。

朱氏的格物论　至于朱氏对于格物的方法问题所抱的见解就大不相同了。他一方面好像极口赞美程氏的主张，但是一方面又明讥或者暗骂程氏格物的步骤。我们对于朱子的格物方法论亦可分开几点来讨论。第一点就是朱氏怎样在表面上绝口赞美程氏的方法论。有人问："进修之术何先？"朱氏回答说：

> 物理无穷，故他著者按：此当系指程氏。说得来亦自多端。如读

> 书以讲明道义,则是理存于书。如论古今人物以别其是非邪正,则
> 是理存于古今人物。如应接事物而审处其当否,则是理存于应接
> 事物。所存既非一物能专,则所格亦非一端而尽。如曰一物格而
> 万理皆通,虽颜子亦未至此。但当今日格一件,明日又格一件,积
> 习既多,然后脱然有个贯通处。此一项尤有意味。向非人善问,则
> 亦何以得之哉?《朱子全书》卷九

朱氏这段话完全本程氏的原文,稍稍加上一些解释。至于程氏要一件
一件的积累起来这个主张,朱氏不但在此地说他尤有意味,而且还
要说:

> 程子所说今日格一件明日格一件,积久自然贯通。此言该内
> 外,宽缓不迫,有涵泳从容之意。所谓语小天下莫能破,语大天下
> 莫能载也。《朱子全书》卷九

朱氏对于程氏的方法在此地这样极口的赞美,所以我们倘使只读这两
段文章我们一定亦要误以为程朱果然是同属一派了。但是我们要知道
关于格物方法的一个问题朱氏一方面赞美程氏,一方面亦反对程氏。
原来赞美别人的主张和接受别人的主张不一定是一件事情。换句话
说,赞美不就是接受。我们试再看朱氏自己对于格物方法的见解怎样,
我们就或者可以证明我们上面这句话的不错。因此我们不能不继续讨
论朱氏格物方法问题上的第二点,这就是什么叫做理?

　　理的意义　朱氏对于理字所抱的观念和程氏根本不同。我们在前
面已经说过,程氏的意思以为理就是事物的所以然,我们只要能够穷至
物理,就可以至于圣人,因为这个物理就是我们人的性。朱氏独以为这
个理是我们元初本有的,不是外物。他说:

> 某盖尝深体之,此个大头脑本非外面物事,是我元初本有底。

> 其曰人生而静,其曰喜、怒、哀、乐之未发,其曰寂然不动,人汩汩地
> 过了日月,不曾存息,不曾实见此体段,如何实有用力处?《朱子全
> 书》卷二

我们元初本有的大头脑究竟是一个什么东西呢?朱氏对于这个问题不
知不觉的又拿出他那个道家的法宝来解答他,这就是所谓"阴阳五行"
的老调。这种理字的解释和程氏所说的"事事物物的所以然"相差真不
知有多少远。朱氏说:

> 二气五行,交感万变,故人物之生有精粗之不同。自一气而言
> 之,则人物皆受是气而生。自精粗而言,则人得其气之正且通者,
> 物得其气之偏且塞者。惟人得其正故事理通而无所塞。物得其偏
> 故事理塞而无所知。

朱氏此地说人生得正气,物生得偏气,这种无根的、非科学的二元论实
在有点令人可怪。他又继续的说:

> 且如人颅圆,象天;足方,象地;平正端直。以其受天地之正
> 气,所以识道理有知识。物受天地之偏气,所以禽兽横生,草木头
> 生向下,尾反在上。物之间有知者不过只通得一路。如乌之知孝,
> 獭之知祭,犬但能守御,牛但能耕而已。人则无不知无不能,人所
> 以与物异者所争者此耳。《朱子全书》卷四十二

朱子这半段话完全和汉初那位"道士"董仲舒的天人哲学一样,用现代
科学的眼光看去总觉得有点荒诞不经。朱氏又说:

> 草木都是得阴气,走飞都是得阳气。各分之:草是得阴气,木
> 是得阳气。走兽是得阴气,飞鸟是得阳气。故兽伏草而鸟栖木。
> 然兽又有得阳气者,如猿猴之类是也。鸟又有得阴气者,如雄雕之
> 类是也。惟草木都是得阴气,然却有阴中阳,阳中阴者。《朱子全

书》卷四十二

朱氏此地竟用阳阴的道理来说明一切的生物。不但他这种道家的说法有点近于无稽，就是他那"阴中阳阳中阴"的论调亦觉得有点无聊。无论如何，上面两段话倘使果然可以拿来代表朱氏对于理字的解释，那末朱氏所谓理根本上就是那个道家的"太极图"，和程氏心中所有的理完全两样。朱氏自己亦曾经说过："太极只是一个理字。"《朱子全书》卷四十九这是朱氏格物方法问题上的第二点。

穷理即穷心　朱氏既然主张理是我们元本就有的，不是外面的物事，所以他以为所谓穷理并不是穷物的理，实在是穷人的心。他说：

> 许多道理皆是人身自有底。虽说昏然，又那会顽然怎地暗？也都知是善好做，恶不好做。只是见得不完全，见得不的确。所以说穷理便只要理会这些子。《朱子全书》卷三

这个穷理只要穷心的主张可以说是朱氏格物方法论上的第三点。

大处落脉　朱氏既然主张穷理只要穷心，所以他以为我们只要从大处落脉，小处自然亦就解决了。他说：

> 只是看教大底道理分明，偏处自见得。如暗室求物，把火来便照见，若只去摸索，费尽心力。只是摸索不见。若见得大底道理分明，有病痛处也自会变移不自知，不消得费力。《朱子全书》卷一

这种看大不必看小的主张显然和程氏大小都当理会的主张完全不同。这可以说是朱氏格物方法论上的第四点。

理不必向外求　朱氏既然主张理是我们自身本有的，所以不必向外物去求得来。他说：

> 所谓道不须别去寻讨，只是这个道理。非是别有一个道被我忽然看见攫拿得来，方是见道。只是如日用底道理怎地是怎地，不

是事事理会得个是处便是道也。《朱子全书》卷四十六

朱氏此地明明在那里攻击程氏所说的"自一身之中至万物之理但理会得多,相次,自然豁然有觉处"那几句话了。朱氏并以同一的见解去主张日用举动不能便算是道。他说:

> 道不可须臾离,可离非道也。所谓不可离者谓道也。若便以日用之间举行动作便是道,则无适而非道。然则君子何用恐惧戒谨?何用更学道为?为其不可离所以须是依道而行。如人说话不成便以说话者为道,须是有个仁义礼智始得。若便以举止动作为道,何用更说不可离得?《朱子全书》卷四十六

朱氏此地所说与程氏"圣人之道更无精粗,从洒扫应对至精义入神。通贯只一理,虽洒扫应对只看所以然者如何"的话完全相反。这是朱氏格物方法论上的第五点。

朱氏抨击程说一　朱氏对于程氏方法论中"一草一木皆有理须是察"这句话竟闹到破口大骂的地步。他说:

> 格物之论,伊川意虽谓眼前无非是物,然其格之也亦须有缓急先后之序。岂遽以为存心于一草木器用之间而忽然悬悟也哉?且如今为此学而不穷天理,明人伦,讲圣言,通世故,乃兀然存心于一草木一器用之间。此是何学问?如此而望有所得,是炊沙而欲其成饭也!《朱子全书》卷七

这是朱氏明明反对程氏格物方法论的第一个实例。

朱氏抨击程说二　朱氏对于程氏方法论中"论古今人物别其是非"这句话亦同样的加以攻击。他说:

> 某自十五六岁时至二十岁,史书都不要看。但觉得闲是闲非没要紧,不难理会。大率才看得此等文字有味,毕竟粗心了。《朱

子全书》卷五十五

这是明说历史人物多属闲是闲非并不重要，而且即使看得有味亦毕竟粗心。又有人和朱氏谈及学者"好习古今治乱典故等学"，朱氏说：

> 亦何必苦苦于此用心。古今治乱不过进君子，退小人，爱人利物之类。今人都看去巧了。《朱子全书》卷四

他这种说法一方面固然是暗骂当时浙东的史学派中人，但是一方面亦就是无意中反对程氏格物方法中重要的一端。这亦可以当作朱氏反对程氏格物方法论的又一个实例。

总论　总而言之，朱氏所主张的格物方法可以说是根本上和程氏的见解不同。朱氏以为所谓理就是"二气五行"。这个二气五行的理是我们元初本有的，所以我们只要穷心就是格物，只要理会大的就是解决小的。至于一草一木和闲是闲非都没有研究的必要。这种哲理和程氏那个理是事物的所以然，物理就是吾性，格物然后可以至圣人，大小都当理会，以及多识前言往行等等主张都是相差很远。程朱两人的态度究竟谁较合理，我们姑且不谈，无论如何，程氏始终是一个唯物的科学家，朱氏是一个唯心的伦理学家，那是可以武断的了。

第五章　圣经和唐鉴

第一节　易经的理数问题

　　我们要研究中国的学术思想在西洋哲学还没有输入以前总离不开儒释道三家的范围。我们要研究中国儒家的思想，总是要以孔子的《四书》、《五经》做一个讨论的工具。我们在前面已经说过，我国儒家的学术思想自从南宋以后虽然在表面上分成三派：程氏，朱氏和陆氏。其实程氏一派确是儒家的正宗，至于朱氏实在是一个"儒化"的道家，陆氏实在是一个"儒化"的佛家。因此当我们单在研究程朱两人见解异同的时候，我们立刻可以看出他们的各种主张虽然根本上完全不同，但是他们的根据在表面上还是离不开孔子的遗书。关于程朱两人对于《四书》上种种根本原理所抱的种种不同的见解，我们在上面几段文字中已经大概述到了，现在再让我们看看他们两人对于《四书》以外所谓《五经》的态度怎样。

　　程氏对于《五经》的研究好像没有朱氏那样广博，因此程氏所遗下的关于《五经》的著作亦就没有朱氏那样丰富。程氏关于《五经》的遗著要以《易传》为最完备，因此朱氏对于程氏的攻击亦以《易传》一书为他最大的目标。此外如《春秋》，如《诗》，如《礼》，两人的态度亦都是各不相同。至于《书》的一种，两人却都没有十分露骨的表示。此地有一点却值得我们的注意：这就是他们两人都好像已经是离开了"经今古文"的门户，各自另用一番独立研究的工夫。"宋学"所以能够在我国的学术史上占一个很光荣的位置，而且所以能够在比较的短期间产出这样伟大的效果，这种前无古人另起炉灶的决心恐怕就是一个最重要的原因。现在让我们把程朱两人对于《易》、《春秋》、《诗》和《礼》四经的态度约略分述如后。

程氏对于《易》的定义以为：

> 尽天理，斯谓之《易》。《二程粹言》卷一

他又说：

> 《易》变易也，随时变易以从道也。至微者理，至著者象，体用一源，显微无间。故善学者求之必自近，易于近非知《易》者也。
> 《二程粹言》卷一

他此地以为《易》就是随时变易以尽天理的意思。而他那"至微者理，至著者象，体用一源，显微无间"四句话尤其足以表出他那一元哲学的精髓，为他的不朽的名言。

程氏对于《易》的一个根本主张就是《易》是说理的书，不是说象数的书。他说：

> 命之曰《易》便有理。若安排定，则更有甚理？天地阴阳之变便如二扇磨。升降盈虚刚柔初未尝停息。阳常盈，阴常亏，故便不齐。譬如磨既行，齿都不齐，既不齐便生出万变。故物之不齐，物之情也。《二程遗书》卷二上

这是说天地阴阳永远的不齐，永远的变化，这就是《易》的理，亦就是我们读《易》时应该注意的理。

程氏既然主张《易》是说理的书，所以他反对用象数的见解去讲他。

有人问："《易》之义本起于数?"他回答说:

> 有理而后有象,有象而后有数。《易》因象以明理,由象而知
> 数。得其理而象数在其中矣。必欲穷象之隐微,尽数之毫忽,乃寻
> 流逐末,术家之所向,管辂、郭璞之流是也,非圣人之道也。《二程粹
> 言》卷一

他以为"理无形也,故因象以明理。理既见乎辞,则可以由辞而观象,故
曰:'得其理则象数举矣。'"《二程粹言》卷一所以凡是穷象的隐微和尽数
的毫忽的人都是寻流逐末的术家,不是圣人之道。程氏这种主理不主
数的态度真是非常的强硬非常的斩截。

程氏对于《易》的研究并且亦很是自负。他说:

> 自孔子赞《易》之后更无人会读《易》。先儒不见于书者有则不
> 可知,见于书者皆未尽。如王辅嗣、韩康伯只以庄老解之,是何道
> 理? 某于《易传》杀曾下工夫。如学者见问,尽有可商量,书则未欲
> 出之也。《二程外书》卷五

他此地一方面说孔子以后再没有人会读《易》,一方面自称于《易传》杀
曾下工夫。这可见程氏自己对于《易传》这部书实在认为精心研究的结
果。他当时又何尝料得到朱氏竟会把他这部书驳得体无完肤呢?

现在让我们细看朱氏怎样把程氏的《易传》驳得体无完肤。朱氏原
来是一个道家,对于象数当然非常的迷信,因此他对于《易》的见解竭力
主张用数去解释他,这和程氏主理的见解刚刚相反。朱氏既然生在程
氏之后,当然只有他可以尽量的去攻击程氏,而程氏却只好到如今还被
人家认为一个不如弟子的先生。究竟朱氏的主数见解是否绝对可以起
来代替程氏的主理见解,我们此地可以不必去代他们下一个断语,不过
程氏的见解却亦有他的存在的理由,而且后来亦有不少的学者去附和

他，这却是一件历史上的事实。

朱氏抨击程氏《易传》的文字我们可以把他分为两大类来叙述：总评和细评。我们现在先述总评。

朱氏主张用数去说《易》，这和程氏的主理完全不同，所以他对于"数学大家"邵雍的《易》极口的加以赞美。他说：

> 某看康节《易》了，都看别人底不得。他说："太极生两仪，两仪生四象。"又都无玄妙，只是从来更无人识。《朱子全书》卷五十三

朱氏此地所称赞的两句话我们现在都已经认为道家的口吻了，这亦足以证明朱氏根本上实在是一个道士。朱氏同时又引了一段故事来证实程氏说《易》不讲象数的不妥，他说：

> 林艾轩在行在，一日访南轩，曰："程先生《语录》某却看得，《易传》看不得。"南轩曰："何故？"林曰："《易》有象数，伊川皆不言，何也？"南轩曰："孔子说《易》不然。"《朱子全书》卷五十四

他此地明借张栻的话来批评程氏不讲象数有背孔子的本意。这是朱氏对《易》主张象数根本上和程氏不同，足以证明程朱说《易》不同的第一点。

朱氏对于程氏所下的《易》的定义亦极口的反对。他说：

> 阴阳有相对而言者，如东阳西阴、南阳北阴是也。有错综而言者，如心昼夜寒暑，一个横一个直是也。伊川言"《易》变易也"只说得相对底阴阳流转而已，不说错综底阴阳交互之理。言《易》须兼此二意。《朱子全书》卷四十九

他此地以为程氏所下"《易》变易也"四个字的定义只说到相对的阴阳流转，没有说到错综的阴阳交互。换句话说，就是程氏说《易》只知其一，不知其二。朱氏又说：

> "《易》变易也，随时变易以从道。"正谓伊川这般说话难说。盖
> 他把这书硬定作人事之书。他说："圣人作这书只为世间人事本有
> 许多变样，所以作这书出来。"《朱子全书》卷二十七

他此地以为程氏所下"随时变易以从道"的定义这般说话难说，因为程
氏硬把《易》定作人事之书的缘故。朱氏又说：

> 程子论《易》有云："理无形也，故假象以显义。"此其所以破先
> 儒胶固支离之失而开后学玩辞玩占之方则至矣。然观其意又似直
> 以《易》之取象无复有所自来，但如《诗》之比兴，孟子之譬喻而已。
> 如此则是说《卦》之作为无所与于《易》，而"近取诸身远取诸物"者
> 亦剩语矣。故疑其说亦若有未尽者。《朱子全书》卷二十六

他此地对于程氏所说的"理无形也，故因象以明理"那两句话以为"其说
亦若有未尽者"。

我们就上面几段话看来，朱氏对于程氏所下的《易》的定义——
《易》变易也，随时变易以从道；理无形也，故因象以明理——竟完全不
肯赞同了。这是朱氏对于程氏《易》的定义不肯赞同，足以证明程朱说
《易》不同的第二点。

朱氏既然在消极的一方面反对程氏不以象数去讲《易》而且反对程
氏对于《易》所下的定义的全部，他在积极的一方面又竭力批评程氏以
理说《易》的不是。他说：

> 程《易》所以推说得无穷，然非《易》本义也。先通得《易》本旨
> 后，道理尽无穷，推说不妨。若便以所推说者去解《易》，则失《易》
> 之本旨矣。《朱子全书》卷二十八

他此地明说程氏以所推说者去解《易》实在不是《易》的本旨。朱氏
又说：

> 向见张敬夫及吕伯恭皆令学者专读程《传》往往皆无所得。盖程《传》但观其理，而不考卦画经文，则其意味无穷，各有用处，诚为切于日用工夫。但以卦画经文考之，则不免有可疑者。《朱子全书》卷二十七

他此地又明说程氏的《易传》但观其理而不考卦画经文，所以读者往往皆无所得。换句话说，就是程氏《易传》说理太多，读了无益。岂不是程氏的《易传》是一本无用的书么？有人问："伊川《易》说理太多？"朱氏回答说：

> 伊川言"圣人有圣人用，贤人有贤人用。若一爻止作一事，则三百八十四爻止作三百八十四事也。"说得极好。然他解依旧是三百八十四爻止作得三百八十四事用也。《朱子全书》卷二十七

他此地不但说程氏《易传》说理太多，而且对于程氏很有以子之矛攻子之盾的意味。朱氏又说：

> 伊川《易传》无难看处。但此是先生以天下许多道理散入六十四卦三百八十四爻之中，将作《易》看，即无意味。须将来作事看，即句句字字有用处耳。《朱子全书》卷二十七

他此地明说程氏以天下许多道理散入卦爻之中，当作《易》看，毫无意味。他又说：

> 某尝以谓《易经》本为卜筮而作，皆因吉凶以示训戒。故其言虽约而所包甚广。夫子作《传》亦略举其一端以见凡例而已。然自诸儒分经合传之后，学者便文取义，往往未及玩心全经而遽执《传》之一端以为定说。于是一卦一爻仅为一事。而《易》之为用反有所局，而无以通天下之故。若是者某盖病之。《朱子全书》卷二十七

他此地虽然没有明指程氏，但是我们看他"一卦一爻仅为一事，而《易》"

之为用反有所局，而无以通天下之故"。这几句话不暗指程氏这一派中人又指谁呢？朱氏又说：

> 吕伯恭教人只得看伊川易，也不得致疑。某谓若如此看文字有甚精神？却要我做甚？《朱子全书》卷二十七

我们在这几句话中不但可以看出朱氏排斥程氏《易传》非常的具有决心，而且并亦可以看出浙东史学派的首领吕祖谦对于程氏倾倒的一斑。这是朱氏批评程氏《易传》说理大多足以证明程朱说《易》不同的第三点。

朱氏不但竭力直接的排斥程氏的《易传》，而且间接的不满意于自己的《易本义》。这又是什么缘故呢？他的门人说：

> 朱子意不甚满意于《易本义》。盖其意只欲作卜筮用。而为先儒说道理太多，终是翻这窠臼未尽，故不能不致遗恨云。《朱子语类》

这是说朱氏因为自己不能完全翻出程氏说理的窠臼，所以转来致恨于自己的《本义》。他对于程氏《易传》的痛心疾首的神情，就这一点上看真是非常的显著了。我们再看朱氏所作的《易五赞》中《警学》一篇所说的话更加明白。他说：

> 在昔程氏，继周绍孔。奥旨宏纲，星陈极拱。惟斯未启，以俟后人。小人狂简，敢述而申。

朱氏此地竟大胆的把程氏《易传》一笔抹杀了，独说程氏对于《易经》完全"未启"，不得不让朱氏来"述而申"。我们在前面曾经说过程氏对于《易传》很是自命不凡，认为一种"杀曾下工夫"的著作，而且程氏遗著中要以《易传》为最完全最具体。现在朱氏竟以"惟斯未启"四个字把这部书完全抹杀了。倘使朱氏的话果然不错，那末不但程氏的《易传》完全

推翻，就是程氏在中国学术上的地位亦要根本摇动了。这是朱氏要想根本推翻程氏《易传》足以证明程朱说《易》不同的第四点。

以上所述的四个不同的地方，足以证明程氏和朱氏对于《易经》的见解真是完全背道而驰各趋一个极端。所以"明洪武初颁《五经》天下儒学，而《易》兼用程朱二氏，亦各自为书。"顾炎武《日知录》卷一《朱子周易本义》我们在此地固然不必再去模仿顾炎武认穿凿图象为一种离经叛道的举动。《日知录》卷一《孔子论易》亦不必再去模仿万斯同做一篇《易说》来痛责朱氏的说《易》为"小视圣人而轻视《易》道"，叫我们要"以经为主而无惑乎《本义》"。《群书疑辨》卷一但是至少我们应该取纪昀的态度。纪氏在程氏《易传》的提要中说：

> 程颐不信邵子之数。故邵子以数言《易》，而程子此《传》则言理。一阐天道，一切人事。盖古人著书务抒所见而止，不妨各明一义。守门户者必坚护师说，尺寸不容逾越，亦异乎先儒之本旨矣。

《四库全书总目》经部易类

以上所述的都是朱氏对于程氏《易传》的总评。此外朱氏对于程氏的《易传》还有极详细的分评。我们此地已经可以不必一一的列举出来就可以知道朱氏对于《易传》的分评决不会再有满意的表示。我们为节省篇幅起见，只好把这许多分评合在一起叙述一下。

朱氏对于《易传》不满意的分评计有二十多条，包括约二十卦。他的评语就是"未尽"，"不是本意"，"未稳"，"未安"，"非也"，"要立议论教人，可向别处说，不可硬配在《易》上"，"不可晓"，"此说虽巧，恐非本意"，"非是"，"承先儒之误"，"说得太深"，"不分晓处甚多"，"说得未然"，"恐不如此"等等的一类评语，真是把程氏的《易传》驳得体无完肤了。程氏是朱氏的前辈，早已死了，当然只有让朱氏一个人在那里自由的抨击，没有法子可以回手。至于程氏是否受朱氏的委屈，我们应否代程氏申冤,因为这都不是这篇文章中应该研究的问题,我们此地本来可以不去讨论他们。不过我们为使得读者得一个相当的观念起见,特把清初的顾炎武和清末的皮锡瑞两个人所说的话引在下面作为本问题的一个结论。顾氏说:

> 出入以度,无有师保,如临父母,文王周公孔子之《易》也。希夷之图,康节之书,道家之《易》也。自二子之学兴,而空疏之人迂怪之士,举窜迹于其中以为《易》,而其《易》为方术之书。于圣人寡过反身之学去之远矣。顾炎武《日知录》卷一《孔子论易》

皮氏说:

> 孔子以《易》授商瞿,五传而至田何,又三传为施雠、孟喜、梁邱贺,此《易》之正传也。
>
> 京房受《易》于焦延寿,托之孟氏,不与相同。多言卦气占验,此《易》之别传也。
>
> 郑注言爻辰,虞注言纳甲,不过各明一义,本旨不尽在此。郑与荀爽皆费氏《易》。惟虞翻言家传孟氏,而注引《参同契》,又言梦道士使吞三爻,则间本于道家。王弼亦费氏《易》而旨近老氏,则亦涉道家矣。
>
> 然诸儒虽近道家或用术数,犹未尝驾其说于孔子之上也。宋道士陈抟,乃本太乙下行九宫之法作先天后天之图,托伏羲、文王之说而加之孔子之上。三传得邵子而其说益昌。
>
> 邵子精数学亦《易》之别传,非必得于河洛。程子不信邵子之数,其识甚卓。《易传》言理,比王弼之近老氏者为最纯正。
>
> 朱子以程子不言数,乃取《河洛》九图冠于所作《本义》之首。于是宋元明言《易》者开卷即说先天后天。不知图是点画,书是文字,故汉人以《河图》为八卦,《洛书》为九畴。宋人所传《河图》、《洛

书》皆黑白点子,是只可称图,不可称书。见乾南坤北之位,是乾为君而北面朝其臣。此皆百喙不能解者。是以先天后天说《易》者皆无足观。《经学历史》八《经学变古时代》

第二节　春秋诗礼的问题

关于程朱两人对于《易经》的见解根本不同的地方我们在上面已经大略说明了,现在让我们来看他们两人对于《春秋》的意见又是怎样。

程氏对于《春秋》的见解很有点今文家的臭味,把这部经看做"断案"的书。有人问:"孔子何为作《春秋》?"他回答说:

由尧舜至于周文质损益其变极矣,其法详矣。仲尼参酌其宜以为万世王制之所折中焉。此作《春秋》之本意也。观其告颜子为邦之道可见矣。《二程粹言》卷一

这是说孔子作《春秋》的本意在于参酌上古的文质损益以备万世王制的折衷。他又说:

《诗》、《书》、《易》如律,《春秋》如断案;《诗》、《书》、《易》如药方,《春秋》如治法。《二程外书》卷九

这是说《春秋》的性质如法律上的断案和医学上的治法。他又说:

夫子删《诗》,赞《易》,叙《书》,皆是载圣人之道,然未见圣人之用。故作《春秋》。《春秋》圣人之用也。如曰:"知我者其惟《春秋》乎? 罪我者其惟《春秋》乎?"便是圣人用处。《二程遗书》卷二十三

这是说《春秋》是一种明道的书。照上面所述的看来程氏对于《春秋》的

见解很有点偏于今文家的主张以为孔子在这书上寓有褒贬的意思。

朱子对于《春秋》的见解刚刚和程氏相反。他说：

> 《春秋》只是直载当时之事，要见当时治乱兴衰，非是于一字上定褒贬。《朱子全书》卷三十六

此地所说"只是直载当时之事，非是于一字上定褒贬"的话，和程氏的主张正是针锋相对。这是朱氏对于《春秋》的见解和程氏不同的第一个证据。

有人问朱氏："《春秋》胡文定之说如何？"他说：

> 寻常亦不满于胡说。且如解经不使道理明白，却就其中多使故事，大与作时文答策相似。《朱子全书》卷三十六

我们知道胡安国的《春秋》出于程氏，现在朱氏明说不能满意，而且说他大与时文答策相似，这岂不是间接的抨击程氏么？这是朱氏对于《春秋》的见解和程氏不同的第二个证据。

此外程朱两人对于《春秋》的见解不同还有一个事实上的证据。据纪昀说：

> 明初定科举之制大略承元旧式，宗法程朱，而程子《春秋传》仅成二卷，阙略太甚；朱子亦无成书。以胡安国之学出程氏，张洽之学出朱氏，故《春秋》定用二家。盖重其渊源，不必定以其书也。
> 《四库全书总目》经部春秋类胡安国《春秋传》提要

纪氏此地所说的话不但可以绝对证明程朱两人对于《春秋》的见解不同，而且我们并且因此或者可以推想元明以来大家所以把程朱两人常常相提并论的缘故，并不是因为他们两人的学说相同，实在是因为他们两人学说的相反了。

现在让我们继续讨论程朱两人对于《诗》的见解怎样不同。我国学

者对于《诗》的研究向来看做最成问题的一点就是《毛诗》中大小序的真伪。原来我国的《诗》在西汉时有今古文的分别。今文的《诗》分为鲁、齐、韩三家，古文的《诗》只有毛氏的一家，叫做《毛诗》。《毛诗》有二说：一说以为子夏授高行子，四传而至小毛公，就是毛苌；一说以为子夏传曾申，五传而至大毛公，就是毛亨。《毛诗》中的序有《大序》、《小序》的分别。今文的三家《诗》后来逐渐失传，只留下孤行的《毛传》。东汉末造时郑玄笺《毛诗》，于是我国说《诗》的人都尊崇毛郑。北宋的欧阳修和苏辙两人开始怀疑《毛诗》的序以为不可信。南宋的郑樵著了一部《诗传辨妄》，正式起来攻击毛郑。对于《毛诗》的《小序》攻击尤其利害。从此我国说《诗》的学者乃分为信毛反毛的两大派。程氏就是信毛的一个人，朱氏则由一个信毛的人后来变为一个反毛的人。

我们试看程氏怎样尊信《毛诗》的大小序。程氏说：

> 《诗》《大序》孔子所为，其文似《系辞》，其义非子夏所能言也。《小序》国史所为，非后世所能知也。《二程遗书》卷二十四

他又说：

> 《诗·小序》便是当时国史作。如当时不作，虽孔子亦不能知，况子夏乎？如《大序》则非圣人不能作。《二程遗书》卷十九

他此地再三的说《大序》是孔子所作，《小序》是国史所作，态度非常的坚决。所以有人问："《诗》如何学？"程氏回答说：

> 只在《大序》中求。《诗》之《大序》分明是圣人作此以教学者。《二程遗书》卷十八

又有人问："《小序》何人作？"他回答说：

> 《序》中分明言国史明乎得失之迹。盖国史得《诗》于采《诗》之官，故知其得失之迹。如非国史，则何以知其所美所刺之人？使当

时无《小序》，虽圣人亦辨不得。《二程遗书》卷十八

我们看上面所述的话，可见程氏对于《毛诗》的大小《序》都深信不疑，这是汉代以来我国说《诗》的人的正宗态度，没有什么惊人的地方。

至于朱氏对于《诗序》的态度曾经经过了一次变化，他在早年时代本和程氏一样，深信毛郑；后来他忽然变更态度加入郑樵的一派，反攻《诗序》。皮锡瑞说：

> 朱子早年说《诗》亦主毛郑，吕祖谦《读诗记》引"朱氏曰"即朱子早年之说也。后见郑樵之书，乃将大小《序》别为一编而辨之，名《诗序》《辨说》。其《集传》亦不主毛郑，以《郑》《卫》为淫诗，且为淫人自言。《经学历史》八《经学变古时代》

而且朱氏对于《诗序》的变态还有一个很有趣的原因。据纪昀说：

> 朱子注《易》凡两易稿。其初著之《易传》，《宋志》著录，今已散佚，不知其说之同异。注《诗》亦两易稿。凡吕祖谦《读诗记》所称"朱氏曰"者皆其初稿。其说全宗《小序》。后乃改从郑樵之说，是为今本。卷首《自序》作于淳熙四年，中无一语斥《小序》。盖犹初稿。《序》末称"时方辑诗传"是其证也。
>
> 其注《孟子》，以《柏舟》为仁人不遇；作《白鹿洞赋》，以《子衿》为刺学校之废；《周颂·丰年篇小序》、《辨说》极言其误，而《集传》乃仍用《小序》说，前后不符。亦旧稿之删改未尽者也。
>
> 杨慎《丹铅录》谓文公因吕成公太尊《小序》，遂尽变其说。虽意度之词，或亦不无所因与？
>
> 自是以后，说《诗》者遂分攻《序》宗《序》两家。角立相争而终不能以偏废。《四库全书总目》经部诗类朱熹《诗集传》提要

如果杨慎的话果然不无所因，那末朱氏所以由宗《序》变为攻《序》的原

因好像是故意要和那位浙东史学首领吕祖谦立异。就这一点上看来，我们亦可以看到浙东史学家和程氏的见解大致相同，和朱氏的见解大部相反。而朱氏的晚年意见和程氏愈趋愈远的地方，这一点亦可以做一个小小的旁证。

我们对于朱氏攻击《诗序》的话不想多去赘述了。现在让我们单引一段文字来结束我们这一个主题的讨论。朱氏说：

> 《诗序》实不足信。向见郑渔仲有《诗辨妄》，力诋《诗序》。其间言语太甚，以为皆是村野妄人所作。始亦疑之，后来仔细看一两篇，因质之《史记》、《国语》，然后知《诗序》之果不足信。《朱子语类》卷八十

我们现在既然明白程朱两人完全不是属于一家，所以朱氏即使果然因为故意要和吕祖谦闹意气的缘故反转来去附和郑樵而反对程氏，我们亦不必用"违反师说"那类陈腐的评语来加到朱氏的身上。

程朱两人对于《诗》的见解完全不同的情形，我们在上面已经大略述过了，现在再让我们看一看他们两人对于三《礼》的意见怎样。程氏对于《礼》一类书的见解差不多和他对于《诗序》的见解正相反对。他对于《诗序》绝对的尊信，而对于三《礼》却很抱怀疑的态度。他对于《周礼》的意见以为：

> 《周礼》之书多讹阙，然周公致太平之法亦存焉。在学者审其是非而去取之尔。《二程粹言》卷一

他又说：

> 《周礼》不全是周公之礼法，亦有后世随时添入者，亦有汉儒撰入者。《二程外书》卷十

此地他以为《周礼》固然包有周公的礼法，但是亦有后人和汉儒添入或

撰入的地方。

至于《礼记》一书程氏以为：

> 《礼记》之文多谬误者，《儒行》、《经解》非圣人之言也。夏后氏
> 《郊鲧》之篇皆未可据也。《二程粹言》卷一

他又说：

> 孟子论三代之学其名与《王制》所记不同，恐汉儒所记，未必是
> 也。《二程遗书》卷四

此地他以为《礼记》之文多谬误，恐汉儒所记，非圣人之言。总而言之，
程氏对于《礼》书显然抱一种半信半疑的态度。

至于朱氏对于三《礼》的态度就不同了，他都加以深信。他说：

> 大抵说制度之书惟《周礼》、《仪礼》可信，《礼记》便不可深信。
> 《周礼》毕竟出于一家。《朱子全书》卷三十七

这是朱氏对于三《礼》的态度的大概。他以《周礼》和《仪礼》为绝对的可
信，《礼记》则不可深信。他又说：

> 《周礼》胡氏父子以为是王莽令刘歆撰，此恐不然。《周礼》是
> 周公遗典也。《朱子全书》卷三十七

他又说：

> 今人不信《周礼》。若据某言却不恁地。《朱子全书》卷三十七

朱氏对于《周礼》这种深信不疑的态度真是非常的坚决，这和程氏对于
《周礼》半信半疑的态度完全不同。

朱氏对于《仪礼》和《礼记》以为：

> 《仪礼》礼之根本，而《礼记》乃其枝叶。《礼记》乃秦汉上下诸

儒解释《仪礼》之书，又有他说附益于其间。《朱子全书》卷三十八

他此地对于《仪礼》完全相信，对于《礼记》好像有点怀疑。但是他曾经引过下面这几句话：

许顺之说："人谓《礼记》是汉儒说，恐不然。"《朱子全书》卷三十七

他所以引许氏这几句话恐怕就是因为他的心里隐隐在那里表示赞同罢。无论怎样，程朱两人对于三《礼》的态度大不相同，这一点却是无疑的了。

总而言之，程氏解释《易经》主张用理，而朱氏独主张用数；程氏对于《春秋》以为这是圣人断案，而朱氏独以为并无褒贬的意思；程氏对于《诗序》深信不疑，而朱氏独攻击很力；程氏对于三《礼》半信半疑，而朱氏独表示深信。所以我们就程朱两人对于圣经的态度看来，他们两人学说的不同实在是泾渭分明，不是著者个人主观的说法呢。

第三节　唐鉴的问题

我们此地还有一点可以附带叙述的，就是程朱两人对于范祖禹《唐鉴》那部书的意见完全不同。原来《唐鉴》中的议论大部分是程氏的意思。这是因为：

范淳夫尝与伊川论唐事，乃为《唐鉴》，尽用先生之论。先生谓门人曰："淳夫乃能相信如此！"《二程外书》卷十一

后来程氏使人抄《唐鉴》，尹醇问他："此书如何？"程氏说：

足以垂世。《二程外书》卷十二吕坚中记尹和靖语

晁氏《客语》中又载：

> 元祐中客有见伊川者，几案间无他书，惟印行《唐鉴》一部。先生曰："近方见此书，三代以后无此议论。"《二程外书》卷十二

程氏此地对于《唐鉴》这部书一则说"足以垂世"，再则说"三代以后无此议论"，真是推崇到了绝顶。所以后来浙东史学家吕祖谦曾经把这部书做过一番音注的工夫，而且常常劝人去读他。

朱氏对于范氏这部书独表不满。他说：

> 范淳夫纯粹精神短。虽知尊敬程子，而于讲学处欠缺。如《唐鉴》极好，读之亦不无憾。《朱子全书》卷六十三

他又说：

> 范淳夫论治道处极善，到说义理处却有未精。《朱子全书》卷六十三

朱氏此地对于范氏的书一则说"亦不无憾"，再则说"义理却有未精"。这和程氏的见解大大的相反。这一点虽然不算重要，亦可以拿来做一个程朱分家的小旁证。

第六章　浙东学派的兴起

第一节　程朱学说的总结

程朱两人学说上种种不同的地方，我们在上面已经大致说明了。现在为便利读者得一简括的概念起见，特把两人学说的要点在此地再总结一下。

程氏主张万物一理，没有什么大小、内外、本末、先后、远近等等相对的关系，因此我们就用现代通行的术语称他为一元的哲学家。他又主张物我一理，天人无二，不可以我们的心来处这个道理，因此我们又要称他为客观的哲学家。他又主张下学而上达，极高明而道中庸，不可语高遗卑，语本舍末，因此我们又称他为唯物的哲学家。总括的说：程氏是一个一元的、客观的、唯物的哲学家。

朱氏一方面亦主张万物一理，但是他一方面又主张理必有对，对于体用、动静、本末、先后等等相对的关系，一概认为可以成立，因此我们就用现代通行的术语称他为"太极图"式的二元的哲学家。他又主张人之一心万理俱备，如同明镜一样能够照见事物的是非，因此我们又要称他为主观的哲学家。他又主张凡百事物都应该先本后末，先始后终，我们为学做人都要以培养本原为主，因此我们又要称他为唯心的哲学家。总括的话：朱氏是一个"太极图"式的二元的，主观的，唯心的哲学家。

117

程氏既然是一个一元的哲学家,所以他对于我国哲学上许多名词——理、性、命、心、天、神、鬼、道、情、气等——都认为同一个东西,叫我们不可随文析义,求奇异之说。他对于性和气亦以为原来是同一样东西,因为我们说性既然只能说到生之谓性,不容说到人生而静以上的性,那末性就是气了。他对于已发未发亦以为都就是中,我们既不可求中于未发之前,亦不可在未发前下一个静字。他对于知和行亦以为应该合一而尤重在行。他对于义利、善恶等等亦认为没有绝对的区别。

朱氏既然是一个"太极图"式的二元的哲学家,所以他对于我国哲学上许多名词要把他们一一分别开来,而以"太极图"式的"心统性情"这句话来做他的中心思想。他对于性和气亦要把他们分成天地之性和气质之性两种不同的东西。他对于已发未发亦以为已发是"太极"的动,未发是"太极"的静,我们倘使不求中于未发之前,未免缺少深潜纯一之味。他对于知和行亦以为应该先知而后行,倘使不知如何行得?他对于义利、是非等等亦都看做绝不相同的东西,而且主张我们在能够辨别之前,应该先做本子。

程氏既然是一个客观的哲学家,所以他主张凡是事物的理就是我们的性,我们只要格物就可以至于圣人,因此格物的工夫比诚意正心修身的工夫还要重要。朱氏既然是一个主观的哲学家,所以他以为求理于物无绪可寻,求理于心则有定体,因此我们必须先求放心再去格物。

程氏既然是一个唯物的哲学家,所以他的方法论主张持敬,所谓持敬就是集义,集义就是格物,格物就是穷理,穷理就是穷尽事物的所以然;因此我们只要把事物一件一件格去,积累多了自然豁然贯通。朱氏既然是一个唯心的哲学家,所以他主张持敬和集义完全是两段工夫,我们应该先做持敬的工夫,再去集义;所谓集义就是用我们的心去辨别事物的是非。总括的说:程氏的方法就是现代所谓客观的归纳法,朱氏的方法就是现代所谓主观的演绎法。

此外程朱两人对于圣经和《唐鉴》的见解亦正大不相同：程氏说《易》主理，朱氏说《易》主数；程氏以《春秋》为圣人断案的书，朱氏以《春秋》为直载当时之事；程氏说《诗》宗《序》，朱氏说《诗》反《序》；程氏对于三《礼》半信半疑，朱氏对于三《礼》大体相信；至于《唐鉴》这部书，程氏认为足以垂世，朱氏以为不无遗憾。最后程氏对于生死、鬼神、命数等等都一概不信，以为物理上所必无；朱氏对于这种种世所有而未易去者皆信而存之。

以上所述的各节都是两人学说的纲要。倘使读者认著者的愚见为不无一得的地方，那末程朱两人根本不属一家这句话，差不多就此可以成立了。

第二节　朱氏属于道家的证明

我们在此地还有一个重要的问题不能不附带的讨论一下。著者在前面屡次大胆的说程氏是一个正宗的儒家，朱氏是一个"儒化"的道家。这两句话果然有相当的根据么？著者觉得自己对于这个问题应该负起解答的责任。著者的愚见以为程朱两人在表面上既然都明明自命为儒家，而且我国自从南宋以来的学者亦都承认他们两人为儒家，所以当我们要说程氏是一个正宗的儒家，我们当然不必再要提出什么证据。但是当我们要把朱氏从儒家门中提出来归入道家的时候，我们却负有一种举证的责任。因此我们在此地就得把这一点再讨论一下。

我们要证明朱氏是一个"儒化"的道家，著者的愚见以为并不十分困难。因为就著者的愚见所得的看来，朱氏本人对于我国的哲学好像只是做一种集大成的工夫，没有什么新奇的贡献。所以我们只要就朱氏学说的师承上做一点溯源的工夫，我们就可以明白朱氏的学说究竟是属于谁家了。

我们在绪论中曾经说过程氏生平对于邵雍的数学,周敦颐的"太极图"和张载的性气二元论都绝口不谈,而朱氏对于这几个人却非常的倾倒。现在让我们分别叙述一下。我们先讨论邵雍。程氏自己曾说和邵雍同里三十多年未尝一字及数。这一点我们在上面已经提过。谢良佐亦说:

> 尧夫精《易》,然二程不贵其术。《宋元学案》卷十《百源学案下》
> 附录

而朱氏独说:

> 康节气质本来清明,又养得纯厚,又不曾枉用了心。他用心都在紧要上。为他静极了,看得天下事理精明。同上

朱氏既然这样的崇拜邵雍,所以他一方面极端的赞美邵氏的数学加以深信,一方面亦倾心邵氏的《先天卦》位《图》。黄百家对于这一点曾经发过下面这一段议论,他说:

> 《先天卦图》传自方壶,谓创自伏皇。此即《云笈七签》中云"某经创自玉皇","某符传自九天玄女",固道家术士假托以高其说之常也。先生(此指邵雍)得之而不改其名,亦无足异。顾但可自成一说,听其或存或没于天地之间。乃朱子过于笃信,谓"程演周《经》,邵传牺《易》",缀入《本义》中,竟压置于文《彖》,周《爻》,孔《翼》之首,则未免奉螟蛉为高曾矣。《宋元学案》卷十《百源学案下》

照这样看来,朱氏的以数说《易》,无非接受邵氏的道家言。这是朱氏属于道家的第一个证据。

至于周敦颐的"太极图",程氏绝口不谈。黄百家说:

> 丰道生谓:"二程之称胡安定必曰胡先生,不敢曰翼之。于周

> 一则曰茂叔，再则曰茂叔，虽有吟风弄月之游，实非师事也。至于
> '太极图'，两人生平俱未尝一言道及。盖明知为异端，莫之齿也。"
> 《宋元学案》卷十二《濂溪学案》

程氏的儒家壁垒何等森严！至于朱氏对于《太极图说》一方面全盘的接受下来。黄百家说：

> 周子之作《太极图说》，朱子特为之注解，极其推崇。至谓"得
> 千圣不传之秘，孔子后一人而已。"《宋元学案》卷十二《濂溪学案》

一方面又复多方面的代周氏竭力辩护，因此引起我国南宋以来学术思想史上最大的争论——朱陆异同。这可见朱氏对于《太极图说》迷信极深。其实朱氏本身的哲学差不多就只是一个"太极图"的发挥。但是我们不要忘记"太极图"原来是一个道家的主要的法宝。这一点当时的陆九渊就已经看到了，他写信给朱氏说：

> 朱子发谓："濂溪得'太极图'于穆伯长，伯长之传出于陈希
> 夷。"其必有考。希夷之学老氏之学也。"无极"二字出于《老子·
> 知其雄》章，吾圣人之书所无有也。老氏首章言"无名天地之始，有
> 名万物之母"，而卒同之，此老氏宗旨也。"无极"而"太极"，即是此
> 旨。老氏学之不正，见理不明，所蔽在此。兄于此学用力之深，为
> 日之久，曾此之不能辨，何也？《宋元学案》卷十二《濂溪学案》附录

但是陆氏的话或者有人要疑心他为有所偏而不足信，所以我们不能不再引一二个后代人所说的比较可靠的话。黄宗炎说：

> 周子"太极图"创自河上公，乃方士修炼之术也，实与老庄之长
> 生久视又属旁门。老庄以虚无为宗，无事为用。方士以逆成丹，多
> 所造作，去致虚静笃远矣。周子更为"太极图"，穷其本而反于老
> 庄，可谓拾瓦砾而得精蕴。但缀说于图而又冒为《易》之"太极"，则

不侔矣。

所以黄氏认朱氏的推崇《太极图说》为“未免过于标榜”《宋元学案》卷十二《濂溪学案》黄百家案语引。全祖望亦说：

> 周子之言其足以羽翼《六经》而大有功于后学者，莫粹于《通书》四十篇。而无极之真原于道家者流，必非周子之作，斯则不易之论。正未可以表章于朱子而墨守之也。《鲒埼亭集外编》卷三十八《周程学统论》

照这样看来，周氏的《太极图说》果然是道家的学说了，而朱氏竟全部的接受，多方的辩护。这是朱氏属于道家的第二个证据。

至于张载这个人有人说他是二程的学生而程氏不肯承认。

> 吕与叔作行状，有“见二程尽弃其学”之语。伊川语和靖曰：“表叔平生议论，谓颐兄弟有同处则可。若谓学于颐兄弟则无是事。顷年属与叔删去之。不谓尚存。几于无忌惮矣。”《宋元学案》卷十八《横渠学案下》附录

全祖望谨案与叔其后卒改此语。这可见程氏对于张氏的学说始终不肯来负一种联带的责任。至于朱氏对于张氏那句“太极图”式的话“心统性情”非常崇拜的地方，我们在上面已经提过了。朱氏对于张氏的性气“二元”论尤其是赞成。他说：

> 气质之说始于张程，极有功于圣门，有补于后学。前此未曾说到。故张程之说立，则诸子之说泯矣。《宋元学案》卷十七《横渠学案上》

此地我们要知道二程兄弟虽然曾经提过气质两个字，但是他们始终没有把一个性分成天地的和气质的两种。这一点我们在前面已经说过了。张氏的说法却有点近于二元论，他说：

　　　　形而后有气质之性，善反之则天地之性存焉。故气质之性，君
　　子有弗性者焉。《正蒙诚明篇》第六

因为有"善反之"的说法，张氏并亦有成性的说法，他说：

　　　　性未成则善恶混。故亹亹而继善者斯为善矣。恶尽去则善因
　　以亡，故舍曰"善"，而曰"成之者性"。同上

张氏这个性气二元论到了朱氏手中不但全部的接受，而且大加发挥，几
乎成为南宋理学中唯一的最大的贡献；同时亦成为后代攻击"宋学"的
人唯一的最大的目标。但是杨开沅说：

　　　　成性之说始于董子《天人策》。张子未能摆脱其说，亦气质之
　　性误之也。气质自气质，如何云性？况气质本无不善哉？《宋元学
　　案》卷十七《横渠学案上》

我们知道现代我国的学者差不多都承认董仲舒为道家者流，甚至有人
叫他为董道士。倘使杨氏的话果然不错，那末张氏所唱的和朱氏所受
的性气二元论岂不亦是一种道家者言么？这一点或者亦可以拿来当做
朱氏属于道家的第三个证据。无论如何，就朱氏的师承和他的学说本
身看来，我们倘使武断的说朱氏是一个"儒化"的道家，这句话恐怕亦算
不得绝对没有根据。

　　此外朱氏生平并亦深信神仙和阴阳五行等等道家的玄谈，我们亦
可以把他们拿来做一个小小的旁证。最后朱氏还有一件有趣的轶事，
我们顺便在此地提及一下，看他怎样和道家发生一种"和其光同其尘"
的关系。据纪昀说，朱氏曾经以"空同道士邹䜣"的寓名撰了一卷《周易
参同契考异》。朱氏所以用寓名的缘故，纪氏以为："殆以究心丹诀非儒
者之本务，故托诸廋辞欤？"纪氏又说朱氏与蔡季通书中有下面几句话：

　　　　《参同契》更无缝隙，亦无心思量，但望他日为刘安之鸡犬耳。

朱氏竟想做刘安的鸡犬，殊令人惊异。纪氏却代他辩护说：

> 盖遭逢世难，不得已而托诸神仙。殆与韩愈谪潮州时邀大颠同游之意相类。《四库全书》总目子部道家类《周易参同契考异》提要

纪氏是一个儒家，但是他对于朱氏竟能够这样的敦厚温柔，真可以令人佩服。著者因此不免自己感觉到这篇文章很有许多火气未尽的地方，非常的惭愧，还要请读者原谅。

第三节　南宋以后的三家

儒道佛三家在我国的文化上既然各有悠久的历史，各有深固的根基，当然不能以少数学者的力量和短期的时间去根本改变他们。因为这个缘故，所以我们根据一般所谓"历史的继续性"的原则来说，我国数千年来儒道佛的三个大门决不能因为有北宋末年几个伟大学者的努力就会关闭了一个，只留下两个。而且我们倘使把南宋以后朱陆两派的学说加以研究，那末陆氏的学说固然足以代表一班"儒化"的佛家，而朱氏的学说却不能代表正宗的儒家。这一点我们在前面已经屡次提及过，而且好像是已经证实的了。

因此著者的愚见以为我们在此地应该代《宋史》的编纂者说几句公道话。《宋史》的编纂者把宋代的学者分成道学和儒林两大类究竟是否一种合理的办法？我国的学者对于这种办法到如今还有痛心疾首的人，以为不应该如此。清初黄宗羲、黄百家父子两人对于这个问题尤其是热心。百家说：

> 十七史以来止有儒林。至《宋史》别立道学一门在儒林之前，以处周程张邵朱张及程朱门人，以示隆也。于是世之谈学者动云

周程张朱，而诸儒在所渺忽矣。

先遗献曰："以邹鲁之盛，司马迁但言《孔子世家》、《孔子弟子列传》、《孟子列传》而已，未尝加道学之名也。儒林亦为传经而设，以处夫不及为弟子者，犹之传孔子之弟子也。历代因之，亦是此意。周程诸子道德虽盛，以视孔子则犹然在弟子之列，入之儒林，正甚允当。今无故而出之为道学，在周程未必加重，而于大一统之义乖矣。通天地人曰儒，以鲁国而止儒一人。儒之名目原自不轻。儒者成德之名，犹之曰贤也圣也。道学者以道为学，未成乎名也，犹之曰志于道。志道可以为名乎？欲重而反轻，称名而背义，此元人之陋也！"《宋元学案》卷二《泰山学案》黄百家案语

此地黄宗羲的意思以为道学的名义不妥，而且这种分类亦有乖学术大一统的意义。后来纪昀亦抱同样的见解来代儒林中人抱不平，他说：

《宋史》大旨以表章道学为宗，余事皆不甚措意，故舛谬不能殚数。《四库全书总目》史部正史类《宋史》提要

他又说：

道学之讥儒林也曰不闻道，儒林之讥道学也曰不稽古。断断相持，至今未已。夫儒者穷研经义，始可断理之是非；亦必博览史书始可明事之得失。古云"博学反约"，不闻未博而先约。朱氏之学精矣，吕氏之学亦何可废耶？《四库全书总目》子部儒家类吕祖谦《丽泽论说集录》提要

此地纪昀似乎比黄宗羲的见解要高明一点，他似乎默认道儒可以分家，不过我们对于他们不宜有所轩轾。

到了章学诚，我们对于《宋史》的分道学儒林为两家才得到一个比纪昀还要正确的观念。章氏说：

道学儒林分为二传前人多訾议之：以谓吾道一贯，德行文学何非夫子所许，而分门别户以启争端？此说非是。史家法度自学《春秋》据事直书。枝指不可断而兀足不可伸，期于适如其事而已矣。

儒术至宋而盛，儒学亦至宋而歧。道学诸传人物实与儒林诸公邃然分别。自不得不如当日途辙分歧之实迹以载之。

夫道学之名前人本无，则如画马自然不应有角。宋后忽有道学之名之事之宗风派别，则如画麟安得但为而麋角哉？如云吾道一贯，不当分别门户，则德行文学之外，岂无言语政事？然则《滑稽》、《循吏》亦可合于《儒林传》乎？《章氏遗书外编》卷三《丙辰札记》

章氏此地以为史家法度既然应该据事直书，南宋以后实际上既然确有道儒完全不同的两派，那末《宋史》把他们分别出来完全是《春秋》的法度并无不合的地方。

就著者的愚见看来，《宋史》把道学和儒林分为两家，在理论上和《魏书》另立释老一门的用意完全一样，诚如章学诚所说的并没有不合的地方。不过著者的愚见以为《宋史》的缺点并不在于把儒道分为两家，而在于不把佛家另立一个"释氏传"。因为北宋末年的五大儒中除大小二程兄弟纯属儒家外，其余周邵张三位的学说确是道家的成分居多，至于朱氏和他的门人更是如此。既然有这样一班很出色的"儒化"的道家，当然应该把他们另归一类中去，而道学两个字又正是名实相符；不过不应该把程氏兄弟两人亦混进去罢了。所以《宋史》分儒道为两家在著者的眼中看来，正是托克托等的一种特识。至于陆九渊的一派，我们大家既然都承认他为"儒化"的佛家，就应该亦和道家一样另归一类，才是正当的办法。因此著者对于黄宗羲那个大一统的说法固然不敢赞同，就是对于纪昀那种代儒家抱不平的态度和章学诚应该分为两家的辩护亦嫌他们还没有彻底。简单的说：著者的愚见以为不但道学儒林可以分家，而且以为此外并应有类似沙门的一类。

至于我国的学术思想在南宋以后亦分三家的话早已有人说过，并不是著者的创见。但是好像大家只知道朱熹是道家的领袖，陆九渊是佛家的领袖。至于浙东一派的领袖，究竟是谁，到如今好像还是恍惚依稀，没有定论。著者的愚见以为现在我国学者所以始终不能指出谁是浙东学派的领袖，就是因为他们还没有发见谁是浙东学派的真领袖。其实浙东学派的真领袖既然不是金华人，亦不是永嘉人，实在是北宋末年远居北方的小程子。因此我们在结束本文以前还有两个小问题应该附带的讨论一下：第一个就是南宋以后我国的学术思想上是否仍旧是一个儒道佛三家鼎立的局面？第二个就是南宋的浙东学派是否就是北宋末年的小程子的嫡传？现在让我们先讨论第一个问题。

南宋以后我国的学术思想确有三派，这一点恐怕要以清代浙东的史学大家全祖望看得最清楚。他说：

> 宋乾淳以后学派分而为三：朱学也，吕学也，陆学也。三家同时皆不甚合。朱学以格物致知，陆学以明心，吕学则兼取其长，而复以中原文献之统润色之。门庭径路虽别，要其归宿于圣人则一也。《鲒埼亭集外编》卷十六《同谷三先生书院记》

全氏此地确认南宋以后我国的学派分而为三，这确和事实相符。但是他说"朱学以致知格物，吕学则兼取其长"，这两句话在著者的眼中看来，好像有点倒置。至于他此地显有推尊浙东永嘉学派的意思，这或者因为他自己是一个永嘉学派的同志，而且又是一个生长浙东的人，所以不免抱有一点微小的成见，亦未可知。不过全氏在他的名著《宋元学案》中却另有几句比较稳当的话。他说：

> 杨文靖公四传而得朱子，致广大，尽精微，综罗百代矣。江西

> 之学，浙东永嘉之学，非不岸然，而终不能讳其偏。《宋元学案》卷四
> 十八《晦翁学案》序

全氏这一段话和前面那一段显然有一点冲突的地方：前面说"吕学兼取其长"，而此地又说"朱子综罗百代"。但是后面的见解好像比前面的成熟而且正确。我们此地不厌重复再来疏解一番。

我们在本文的绪论中已提及过：儒家重在道问学，佛家重在尊德性，而道家则自命为能兼取两家之长。我们现在试引陆九渊的话来做一个证明。陆氏说：

> 朱元晦曾作书与学者云："陆子静专以尊德性诲人，故游其门者多践履之士。然于道问学处欠了。某教人岂不是道问学处多了些子。故游某之门者践履多不及之。"观此则是元晦欲去两短合两长。然吾以为不可。既不知尊德性，焉有所谓道问学？《象山全集》卷三十四《语录》

陆氏此地表明朱氏自以为能够注重道问学，同时他又以佛家的态度攻击朱氏不知尊德性的非是，这是很稳当的说法。因此黄宗羲亦误以：

> 陆九渊之学以尊德性为宗，朱熹之学以道问学为宗。《宋元学案》卷五十八《象山学案》

黄氏这种看法实在只见到朱氏对付陆氏的一面，而没有见到朱氏对付程氏的另一面。我们在前面亦已经屡次提及过：朱氏的学说是一种"首鼠两端"的学说；所以朱氏一人就备有两副面孔，一副是用来对付佛家的儒家面孔，一副是用来对付儒家的佛家面孔，而他那本来的道家面孔反因此掩饰起来，使得我们或者完全忘记了他，或者看不清楚。所以上面陆九渊所描写和黄宗羲所见到的只是一副朱氏用来对付佛家的儒家面孔。其实朱氏还有一副佛家的面孔用来对付儒家，关于这一点我

们只要覆看上面关于一元二元持敬集义养心格物等等问题的讨论中朱氏怎样要培养本原,以及朱氏生平怎样痛骂浙东学派为舍本逐末,就可以明白了。王应麟说得好,他说:

> 观朱文公答项平甫书尊德性道问学之说,未尝不取陆氏之所长。《宋元学案》卷四十九《晦翁学案》附录引《困学纪闻》

所以陆九渊所说的"元晦欲去两短合两长",固然是儒佛两家的短长。但是陆氏好像没有见到去取的结果就会形成了一个黑白分明的道家"太极图"呵!

照上面所述的看来,全祖望所说江西浙东各得其偏,唯朱氏能综罗百代,这几句话确是极其中肯。不过全氏对于南宋以后的三派和三派的同异所见到的虽然非常卓越,但是此外还有两点他好像没有见到:这就是朱氏是一个"儒化"的道家,程氏学说的嫡传流入南方变成浙东的史学。前一点我们在前面已经说明了,现在让我们继续讨论后一点。

第四节　程氏学说的入浙

我们倘使果然断定南宋以后我国的学术思想确是还有三家,而且朱氏和陆氏有道佛两家的代表各成一派,那末程氏所代表的儒家又流到什么地方去了呢? 这是一个向来未曾有人提过的问题,著者在此地很冒昧的把他提出来而且大胆的想把他就在此地解答一下,当做这篇文章的余论。

著者的愚见以为在我国的文化史上要以浙东学派为最有光彩,同时亦要以浙东学派的源流为最不分明。我国的学术思想在南宋以前不成什么系统,这一点我们在前面已经提及过了。在南宋以后虽然门户大开，但是始终要以浙东这一派专究史学为最有成绩，最切实用；其他朱陆两人所代表的道佛两家都始终在玄谈中或者主观的论理中大翻筋斗。我们所以要说浙东学派为最光彩，理由就是在此。但是浙东学派的流变到如今好像还没有人能够把他弄得很明白。例如全祖望这个人虽然是我国的一个最伟大的学术史家，但是他对于浙东学派有时叫他为"浙学"《宋元学案》卷八十六《东发学案》序，有时又叫他为"婺学"《宋元学案》卷六十《说斋学案》序，有时又叫他为"永嘉之学"《宋元学案》卷四十八《晦翁学案》序，没有一定的地点和名称。至于谁是这一派的领袖，同是全祖望这个人有时说是永嘉的许景衡《宋元学案》卷三十二《周许诸儒学案》序，有时又说是永嘉的薛季宣了《宋元学案》卷五十二《艮斋学案》序；同是纪昀这个人有时说是永嘉的周行己《四库全书总目》集部别集类《止斋文集》提要，有时又说是金华的吕祖谦《四库全书总目》子部类书类《永嘉八面锋》提要；此外并有人说是金华的唐仲友《宋元学案》卷六十《说斋学案》序。究竟领袖是谁，到如今好像还没有论定。这是什么缘故呢？著者的愚见以为这是因为全氏和纪氏好像都没有见到浙东学派实在发源于程氏的缘故。

著者的愚见以为所谓浙东学派实在就是程氏的嫡传。我们要证实这个主张不能不把浙东学派的师承加以详细的讨论。

就著者研究所得的而论，"浙学"、"婺学"和"永嘉之学"三个名词都不很切当，因为前一个太泛，后二个太偏。著者的愚见以为章学诚所定的"浙东学术"《章氏遗书》卷二四个字比较的适当。著者的愚见又以为南宋以来的浙东学者多专究史学，所以亦不妨称为"浙东的史学"。著者的愚见又以为浙东史学的发展可以分为两个时期：第一期自南宋到明初，第二期自明末到现在。第一期有永嘉和金华两大派，并由金华分出四明的一支。第二期中兴于绍兴而分为宁波与绍兴的两派。本文所当叙述的在于程学的入浙，所以我们只能讨论南宋时代浙东的永嘉和金华怎样会传入程氏的学说而成为章学诚所说的"浙东专家"《章氏遗书》

卷二《浙东学术》，其他的部分只好暂时从略。

现在让我们来讨论浙东学派的师承。南宋时代的浙东史学实际有永嘉和金华的两支。而永嘉一支的起源比较金华一支为早，他的承继程氏的学说亦比较金华一支为直接。清末孙诒让曾经说过：

> 宋元丰间作新学校，吾温蒋太学元中，沈彬老躬行，刘左史安节，刘给谏安上，戴教授述，赵学正霄，张学录炜，周博士行己，及横塘许忠简公景衡，同游太学。以经明行备知名当世。自蒋赵张三先生外皆学于程门，得其传以归，教授乡里。永嘉诸儒所谓"九先生"者也。许景衡《横塘集跋》

照孙氏所说，所谓永嘉"九先生"中竟有六个人——沈躬行、刘安节、刘安上、戴述、周行己、许景衡——"学于程门，得其传以归"。据全祖望所考，当时除上列六个人以外，还有鲍若雨、潘闳和陈经正、经邦两兄弟都是"从程氏游"的人《宋元学案》卷三十二《周许诸儒学案》，这可见当时永嘉人从游程氏的为数实在不少。

在许多永嘉的程门弟子里面，大概要以许景衡和周行己两个人为永嘉学派的主要的元勋，所以楼钥说：

> 伊洛之学，东南之士自龟山杨公时、建安游公酢之外，惟永嘉许公景衡、周公行己数公亲见伊川先生，得其传以归。中兴以来言理性之学者宗永嘉。《止斋文集》卷五十二《陈傅良神道碑》

我们根据楼氏这段话差不多可以断定南宋以来程氏的正宗学说果然是传入永嘉为当时理学的宗主，这是因为楼氏是宋末的鄞县人，"去古未远"，说话当然比较的可信。

大概许周两人对于程氏非常的崇拜。全祖望曾说：

> 伊川讲学，浙东之士从之者自许景衡始。《宋元学案》卷三十二

《周许诸儒学案》

可见浙东学派中永嘉一支的开山当推许氏这个人。全祖望又说：

> 周行己游太学时，新经之说方盛，而先生独之西京从伊川游。
> 持身坚苦，块然一室，未尝窥牖。《宋元学案》卷三十二《周许诸儒学案》

周氏这样坚苦卓绝的信仰程氏，真不愧为一个介绍程学入浙的健将。这几个人都是北宋末年直传程学输入浙东的始祖。所以全祖望说：

> 永嘉自九先生而后，伊川之学统在焉。其人才极盛。《鲒埼亭集》卷三十一《永嘉张氏古礼序》

我们现在可以根据这几句话来断定程氏的学说果然在永嘉了。以上所述的可以说是永嘉学派的"草昧时代"。

到了南宋初年，永嘉学派几乎衰歇了，幸而有郑伯熊辈的继起，发挥光大之后，竟造成了一个黄金时代。原来：

> 绍兴末，伊洛之学几息。永嘉九先生之绪言且将衰歇。郑伯熊与其弟伯英并起，首雕程氏书于闽中。由是永嘉之学宗郑氏。乾淳之间，永嘉学者连袂成帷，然无不以先生兄弟为渠率。吕成公尤重之。《宋元学案》卷三十二《周许诸儒学案·郑伯熊传》

我们此地有两点可以注意：第一点郑伯熊是周行己的门人，所以他是程氏的再传弟子；第二点郑伯熊中兴永嘉学派的时候，"首雕程氏书于闽中"。这都可以证明永嘉学者非常热心于程学的输入。所以纪昀曾说：

> 《浙江通志》称郑伯熊邃于经术。绍兴末伊洛之学稍息，伯熊复出而振起之。刘壎《隐居通义》亦谓伯熊明见天理，笃信固守，言与行应。盖永嘉之学自周行己倡于前，伯熊承于后，吕祖谦、陈傅

132

良、叶适等皆奉以为宗。《四库全书总目》书类《郑伯熊郑敷文书说》提要

此地所说的"笃信固守，言与行应"，都是程氏的态度，亦是正宗儒家的
态度。所以郑伯熊可以说是南宋初年永嘉学派的第一个中兴名将。

　　和郑伯熊同时的还有一位永嘉学派的中兴名将，这就是薛季宣这
个人。清代孙衣言曾说：

　　　　南北宋间吾乡学派，元丰九先生昌之，郑敷文薛右史赓之。敷
　　文之学出于周博士行己，接乡先生之传。右史之学出于胡文定公
　　安国。师法虽不同，而导源伊洛，流派则一。

此地所谓郑敷文就是郑伯熊，所谓薛右史就是薛徽言。我们知道薛徽
言本是胡文定公高第详见《宋元学案》卷三十四《武夷学案》。孙衣言又继续
的说：

　　　　敷文之学没而无传，右史之学传于其子艮斋先生，益稽核考索
　　以求制作之原。甄综道势究极微眇，遂卓然自为一家。其没也止
　　斋陈先生实传其学。薛季宣《浪语集序》

此地所谓艮斋先生就是薛季宣，止斋先生就是陈傅良。孙氏这后半段
话有三点说得不对。第一点，郑伯熊之学并没有无传，因为陈傅良、陈
亮和叶适这班永嘉学派黄金时代中的健将都是他的门人《宋元学案》卷三
十二《周许诸儒学案》。第二点，薛季宣所得的程氏学说不单是从他的父
亲那边传来。《宋史》本传上说：

　　　　薛季宣获事袁溉。溉尝从程颐学，尽以其学授之。《宋史·儒
　　林传》

陈傅良亦说：

　　　　有隐君子袁溉道洁少学于河南程先生。湖湘间皆高仰道洁，

公师事焉。《浪语集》卷三十五《薛季宣行状》

这可见薛季宣亦和郑氏一样,是一个程氏的再传弟子。第三点,陈傅良的业师决不止薛氏一个人。纪昀说:

> 永嘉郑伯熊薛季宣皆以学行闻。伯熊于古人经制治法,讨论尤精。陈傅良皆师事之,而得季宣之学为多。及入太学,与广汉张栻、东莱吕祖谦友善。祖谦为言本朝文献相承;而主敬集义之功得于栻为多。《四库全书总目》集部别集类《止斋文集》提要

全祖望亦说:

> 陈止斋入太学,所得于东莱南轩为多。然两先生皆莫能以止斋为及门。《鲒埼亭集外编》卷四十四《奉临川先生帖子》二

可见陈氏的业师至少有郑伯熊、薛季宣、张栻和吕祖谦四个人。无论如何,薛季宣可以说是南宋初年永嘉学派中第二个中兴的名将。

自从郑伯熊和薛季宣中兴永嘉的学派之后,在永嘉方面有陈傅良和叶适诸人的继起,同时在金华方面又有吕祖谦陈亮和唐仲友三大头的出现。于是浙东的学派乃达到一个黄金时代,而程氏的学说亦发挥而成为我国文化史上一朵最灿烂的花——浙东的史学。

以上所述的都是永嘉一支的浙学怎样在师承上承受程氏学说的情形。现在让我们再述金华一支的浙学和程氏有什么一种关系。

当郑伯熊和薛季宣两人中兴永嘉学派时,金华亦忽有三大头的出现:就是金华的吕祖谦、唐仲友和永康的陈亮三个人。所以明初的杨维桢说:

> 余闻婺学在宋有三氏:东莱氏以性学绍道统,说斋氏以经世立治术,龙川氏以皇帝王霸之略志事功。《宋文宪公集序》

全祖望亦说：

> 乾淳之际，婺学最盛。东莱兄弟以性命之学起，同甫以事功之
> 学起，而说斋则为经制之学。考当时之为经制者无若永嘉诸子，其
> 于东莱同甫皆互相讨论，臭味契合。东莱尤能并包一切。而说斋
> 独不与诸子接，孤行其教。《宋元学案》卷六十《说斋学案》序

此地全氏所说的东莱兄弟就是吕祖谦和吕祖俭，同甫就是陈亮，说斋就
是唐仲友。我们此地应该注意的就是金华的三大头和永嘉诸子"皆互
相讨论，臭味契合"。所以金华一支的学说的师承虽然不是和永嘉一样
都是直接上通于程氏，但是仍旧不失为程门的私淑弟子。我们试再引
朱熹的话为证，朱氏说：

> 伯恭之学合陈君举陈同甫二人之学问而一之。永嘉之学理会
> 制度，偏考究其小小者，唯君举为其所长。若正则则涣无统纪。同
> 甫则谈论古今，说王说霸。伯恭则兼君举同甫之所长。《宋元学案》
> 卷五十一《东莱学案》附录

在朱氏这段话中，我们有两点可以注意：第一点就是朱氏亦承认金华
之学和永嘉之学完全是同属一家，第二点就是朱氏隐然要想推尊金华
的吕祖谦来做一个浙东学派的集大成者，所以说他能够兼陈傅良（号君
举）和陈亮两人之所长。因此纪昀就误以吕祖谦为永嘉学派的首领，
他说：

> 永嘉之学倡自吕祖谦，和以叶适及陈傅良，遂于南宋诸儒别为
> 一派。《四库全书总目》子部类书类《永嘉八面锋》提要

不过纪氏这几句话固然是出于误会，但是永嘉金华两支学说间关系的
非常密切，却是就此可见一斑了。

我们现在试再把金华三大头的师承分别讨论一下。吕祖谦这个人

虽然只是浙东史学中金华一支的一个首领，但是他的学业成就的伟大好像在浙东学派中确如朱熹所说占有一个集大成者的地位。所以全祖望亦说：

> 朱张吕三贤同德同业，未易轩轻。张吕早卒未见其止，故集大成者归朱耳。《宋元学案》卷五十一《东莱学案》附录

我们知道吕祖谦因为体肥而死的时候年纪不过四十五岁。以他这样一个天才竟会这样的早死，真是我国学术史上一件最可悲的事情，无怪朱熹和陆九渊诸人都要为之而哭了。

吕祖谦的学说原来亦渊源于程氏。王崇炳说：

> 婺州之学至何王金许而盛，而东莱吕成公首濬其源。盖自其祖正献公与涑水司马公同朝，往来于河南二程间最契。荥阳公则受业二程之门。至于南渡，北方之学散而吕氏一家独得中原文献之传。《重刻吕东莱文集叙》

此地所谓正献公就是吕公著，公著生希哲就是所谓荥阳公。希哲生好向，好向生本中及弸中，弸中生大器，大器生祖谦。我们此地可以注意的就是吕希哲和吕本中两人怎样传得程氏的学说。纪昀说：

> 吕希哲少从焦千之、孙复、石介学，又从二程子张子及王安石父子游。故其学问亦出入于数家之中，醇疵互见。《朱子语类》称其学于程氏，意欲直造圣人。看其平生之力，乃反见佛与圣人合。《四库全书总目》子部杂家类《吕氏杂记》提要

此地纪氏说吕希哲的学问出入数家，醇疵互见。而全祖望独说：

> 正献相哲宗，先生偏交当世之学者。与伊川俱事胡安定，在太学并舍，年相若也。其后心服伊川学问，首师事之。《宋元学案》卷二十三《荥阳学案》本传

照这几句话看来,吕希哲这个人不但和程氏同出于胡瑗,而且同时并亦受业于程氏了。那末所谓吕氏家传的学问岂不亦就是胡程两氏的一脉么?

至于吕本中就是普通所谓大东莱先生,原是吕希哲的长孙,吕祖谦的伯祖。全祖望说:

> 愚以为先生之家学在多识前言往行以畜德。盖自正献以来所传如此。原明(案即希哲的字)再传而为先生,虽历登杨游尹之门,而所守者世传也。先生再传而为伯恭,其所守者亦世传也。故中原文献之传独归吕氏,其余大儒弗及也。故愚别为先生立一学案以上绍原明,下启伯恭焉。《宋元学案》卷三十六《紫微学案》案语

著者的愚见以为全氏的话好像以为吕氏自有一种传家的学问,恐怕有点误会。著者的愚见以为吕希哲所传得的学问既然"归宿于程氏,集益之功至广且大"全祖望《宋元学案》卷二十三《荥阳学案》序,而且他又曾经和程氏"俱事胡安定",那末吕氏的世传应该就是胡瑗和程颐的学说,不应该另有所谓"中原文献之传"。吕本中和他的从孙吕祖谦所承继的亦都是同一种学问。无论如何,吕祖谦的学说实在远绍程氏,那是可以无疑的了。

至于陈亮的师承怎样? 全祖望说:

> 永嘉以经制言事功皆推原以为得统于程氏。永康则专言事功而无所承。《宋元学案》卷五十六《龙川学案》序

黄百家亦附和全氏说:

> 永嘉之学,薛郑俱出自程子。是时陈同甫亮又崛兴于永康,无所承接。然其为学俱以读书经济为事,嗤黜空疏随人牙后谈性命者以为灰埃。亦遂为世所忌,以为此近于功利,俱目之为"浙学"。

《宋元学案》卷五十六《龙川学案》

照这样说来,陈亮好像是浙东学派中一个突起的人。但是据王梓材的意思以为陈亮:

> 《祭郑景望(即伯熊)龙图文》称之曰"吾郑先生",则先生亦在郑氏之门矣。《宋元学案》卷五十六《龙川学案序录》注

而且全祖望在《周许诸儒学案》中亦把陈亮列入"景望门人"之中。如果王氏所说的话果然不错,那末不但陈亮的学说由郑氏可以上溯于程氏,就是全氏所说"永康无所承"的话亦不免自相矛盾了。无论如何,金华的吕祖谦,永嘉的薛季宣和叶适都是陈亮的讲友,那却是一件无可再疑的史实。

金华三大头的身世都是很可悲叹,吕祖谦死得很早,陈亮郁郁以终,而唐仲友的生前死后尤其被朱熹和朱熹的门人压迫得无地可容。全祖望曾经说过几句代唐氏呼冤的话,他说:

> 唐台州说斋以经术史学负重名于乾淳间。自为朱子所纠,互相奏论,其力卒不胜朱子,而遂为世所訾。方乾淳之学初起,说斋典礼经制本与东莱止斋齐名。其后浙东儒者绝口不及。盖以其公事得罪宪府,而要人为之左袒者遂以伪学诋朱子并其师友渊源而毁之。固宜诸公之割席,而要人之所以为说斋者适以累之。可以为天下后世任爱憎者戒也。《唐说斋文钞叙》

后来章学诚亦说过几句持平的话,他说:

> 唐仲友为与朱子不协,元人修《宋史》乃至不为立传。门户之风末流为甚,于此见矣。宋文宪作《唐氏补传》,公论终不泯也。但元修《宋史》而补周臣韩通,史家韪之。文宪躬修《元史》而不以唐仲友补《宋》之缺。岂士大夫之门户转重于朝廷之忌讳欤?《章氏遗

书外编》卷四《知非日札》

我们知道宋濂所做的《唐仲友补传》后来亦竟亡去，到了清代中叶后金华的张作楠做了一篇集句体的《补宋潜溪唐仲友补传》。七八百年来的一场冤狱总算到此大白于天下。关于朱唐交阆的经过和双方的是非，我们此地不能详述，应该请读者自己去读张作楠那篇《补补传》。

不过在此地我们有一点应该注意，这就是唐仲友的著作差不多被朱氏一派中人毁灭殆尽了，所以我们现在要研究唐氏的师承比较别家为困难。张作楠在《唐说斋先生文钞序》中曾说：

> 苏平仲云："说斋著述因为朱子所排，皆渐灭不存。"朱竹垞云："林黄中、唐与政皆博通经学，一纠朱子，一为朱子所纠，所著经说学者遂置而不问。"戚雪崖云："君子不以人废言。若唐与政以帝王经世之学雄视一时，其文要亦不可尽没其善。今悉从摈弃，非惑欤？"

我们以现代人的眼光去看，唐氏著作的渐灭不能不说是我国学术史上一个很惨的悲剧和我国学术上一种很大的损失。全祖望说：

> 说斋独不与诸子接，孤行其教。试以艮斋、止斋、水心诸集考之，皆无往复文字。水心仅一及其姓名耳。至于东莱既同里，又皆讲学于东阳，绝口不及之，可怪也。将无说斋素孤僻，不肯寄人篱落耶？《宋元学案》卷六十《说斋学案》序

这恐怕或者因为当时浙东学者都怕朱氏的气焰不敢和唐氏往来，或者虽有往复文字的留存亦被后世朱派中人所删削，如金华吴正传不载唐氏于《敬乡录》一样，亦未可知。

不过我们对于唐氏的师承虽然已不可考，但是黄宗羲曾经说过下面这几句话，他说：

> 唐说斋创为经制之学,茧丝牛毛,举三代已委之刍狗,以求文武周公成康之心,而欲推行之于当世。薛士隆陈君举和齐斟酌之,为学不皆与唐氏合,其源流则同也。故虽以朱子之力而不能使其说不传。此尚论者所当究心者也。《南雷文集》卷二《学礼质疑序》

就此可见唐氏和永嘉学派的健将薛季宣、陈傅良辈源流相同。全祖望虽然不赞成黄宗羲"永嘉诸子实与先生和齐斟酌"的说法,但是他不能不断言:

> 永嘉诸先生讲学时,最同调者说斋唐氏也。《宋元学案》卷六十《说斋学案》序

我们倘使再去读唐氏的《九经发题》和张作楠的跋,那末唐氏显然是一个程氏的私淑弟子。我们幸而已经证明程朱两人并不是同属一家。否则以私淑程氏自命的朱氏竟会把真正私淑程氏的唐氏压迫到这样一个永不超生的地步,恐怕朱氏在夜深人静的时候亦不免要汗流浃背感到没有面目可以见程氏于地下了。

以上所述的都是浙东学派中金华一支的三大首领怎样承继或者私淑程氏学说的情形。

总而言之,浙东的学派在南宋初期分为永嘉和金华两大支。永嘉一支创始于许景衡和周行己诸人而中兴于郑伯熊和薛季宣。至于金华一支的蔚起,刚刚在永嘉一支中兴的时候,而以吕祖谦、陈亮和唐仲友三个人为首领。这两支中人都是直接或者间接承继程氏的学说。所以浙东的学派实在就是程氏学说的主流,在南宋时代和朱陆两家成一个鼎足三分的局面。

至于永嘉一支中兴之后产出一个伟大的陈傅良,他那雍容大雅的气度几乎和金华的吕祖谦相仿佛;金华一支三家崛起之后产出一个吕祖俭,他把金华的史学第一次传到四明去;这都是我们研究浙东学术时

必须注意的史迹。不过在本文中我们的目的既然只是在于讨论程氏的学说怎样传入浙东，所以我们对于这许多有趣的而且重要的问题都只好存而不论了。

至于浙东学派中人怎样把程氏的学说演成经制之学和史学，朱氏一派怎样把浙东的学派目为功利之学，当时的浙东学派中人怎样代自己辩护，明代的宋濂，清代的黄宗羲、黄百家、全祖望、纪昀、张作楠诸人怎样代浙东学派申冤，这种种问题都应该让研究浙东学派的人去讨论，我们在此地亦都只好存而不论了。

著者做完这篇潦草的文章之后不免发生一种不很乐观的感想，这就是中国学术思想的内容好像不十分充实。道家的"无"，佛家的"空"，陈义虽然很高，但是都不免过于消极了，不能适合现代的生活。至于儒家的学说虽然比较的积极，但是自从南宋以来好像只发展到注意史学为止，不能跳出故纸堆的范围，再进一步去研究自然科学和史学以外的社会科学。所以著者的愚见，以为在现代的世界我们倘使单去提倡国学来救国家和民族，恐怕有点不够。我们倘使真抱救国救民的宏愿，恐怕非从努力介绍西洋各种自然科学和社会科学入手不行。当著者着手做这篇文章的时候，他的确得着许多友人的教益，就中尤以胡适之、胡朴安、傅纬平、钱经宇、王伯祥、周予同几位先生的指导为最多；因此他不能不在全文结束时对于他们这几位表示一点感谢的意思。